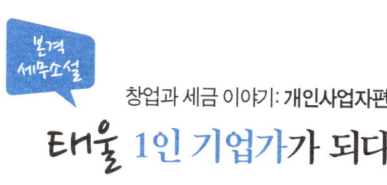

창업과 세금 이야기: 개인사업자편

태울 1인 기업가가 되다

창업과 세금 이야기: 개인사업자편
태울 1인 기업가가 되다

초판 1쇄 인쇄일 2017년 9월 6일
초판 1쇄 발행일 2017년 9월 13일

지은이   류충열
펴낸곳   도서출판 유심
펴낸이   구정남·이헌건
마케팅   최진태

주소   서울 은평구 통일로 684 서울혁신파크 미래청 1동 303B(녹번동 5-29)
전화   02.832.9395
팩스   02.6007.1725
URL   www.bookusim.co.kr
등록   제2017-000077호(2014.7.8)

ISBN   979-11-87132-15-8 13320
값   12,000원

이 책은 저작권법에 따라 보호를 받는 저작물이므로 무단전재와 무단복제를 금하며,
이 책 내용의 전부 또는 일부를 이용하려면
반드시 저작권자와 [도서출판 유심]의 서면동의를 받아야 합니다.
(CIP제어번호: CIP2017022899)

창업과 세금 이야기: 개인사업자편

태울 1인 기업가가 되다

류충열 지음

도서출판 유심

추천사

1인 기업의 창업 과정을
풍미 진하게 요리한 '세무소설'

1인 기업을 시작한 지 20여 년이 넘었지만 세금이란 말은 여전히 내게 거리감이 있었다. 그만큼 숫자를 세는 데 취약하기 때문이다.

춘추시대의 공자는 "가혹한 세금은 호랑이보다 사납다"라고 했고, 벤저민 프랭클린도 "세상에서 분명한 것은 단 두 가지뿐이다. 하나는 죽음이고 하나는 세금이다"라는 말을 남겼을 정도로 시대를 막론하고 세금에 대한 부담이 컸음을 짐작할 수 있다.

2017년 새로운 정권이 들어서면서 바람직하게도 국가가 보편적 복지 행보를 제대로 하고자 하는 이 시점에, 우리는 국민의 한 사람으로서 성실납세를 해야 할 이유가 더 분명해졌다. 이런 시점에서 출간된 류충열 작가의 《태울 1인 기업가가 되다》는 창업을 하는 1인 기업가가 세금을 어떻게 납세해야 하는지 친절하게 안내하고 있다.

이 책은 소설의 형식을 띤 납세 안내서로, 매우 흥미롭다. 나처럼 숫자에 문외한조차도 이야기를 따라가다 보면 필독해야 할 세금상식이 저절로 익혀진다. 다른 어떤 세금 관련 책보다 이해하기 쉽다.

저자의 품성처럼 정확하고 간결한 문체로 정리된 1인 기업가의 흥미로운 성장스토리는 가독성을 높여준다. 저자는 이미 몇 번의 창업 경험을 했을 뿐 아니라 지금도 사업체를 운영하면서 창업이나 그와 관련하여 세무 관련 상담을 요청하는 이들을 도와주고 있다. 나 또한 저자와의 상담을 통해 한켠으로 밀쳐두었던 세무 관련 업무를 간결하게 정리할 수 있었다. 저자의 그런 경험과 지식이 이 책에 고스란히 녹아있다.

《태울 1인 기업가가 되다》는 '세금'과 1인 기업가의 '성장' 과정으로 창업 과정을 풍미 진하게 요리한 류충열 작가의 '세무소설'이다. 1인 기업가로 창업을 염두에 두고 있지만 '세금'이란 말만 들어도 머릿속이 복잡해진다면 일독을 권한다. 이 한 권을 정독하는 것만으로 세금에 대한 청량한 이해를 기대해도 좋다.

정예서_ 함께성장인문학연구원 원장, 《유쾌한 가족 레시피》 저자

추천사

세금 이야기를 소설이라는 장르에 접목한 매우 특출 난 작품이다. 작가의 고민이 깊었던 만큼 독자로서는 재미와 지식을 함께 누리는 즐거움이 크다. 직접 경험해보지 않고서는 잘 알 수 없는 세금이야기가 소설이라는 구조 속에 제대로 녹아 있다. 사업에 필요한 세금 지식을 알 수 있을 뿐만 아니라 오늘날 경제상황에 핍박받는 가장으로서의 삶의 무게, 사업과 인생에 대해 다시 한 번 생각해보게 한다.

최진호_ 세무법인 탑코리아 회장, 한국세무사회 이사

소설 속에 세금 이야기라니, 여태까지 보지 못했던 작품. 세금이라는 어려운 소재를 재미있는 이야기 속에 꼼꼼하게 녹여냈다. 사업을 시작하려는 사람들이 세금 관계에서 가장 궁금해하는 부분을 제대로 풀어 썼다. 후속작이 벌써부터 기대된다.

이은우_ MBC 경영본부장

사업을 꿈꾸는 사람에게 권하는 필독서. 이 책은 단지 세금 이야기만 하고 있지 않다. 세금 이야기는 씨줄이며 주인공의 이야기는 날줄이다. 씨줄과 날줄이 어우러지면서 재미와 감동을 주는 스토리를 읽다 보면 1인 기업가로서의 성장 과정과 세금에 대해 자연스럽게 이해하게 된다.

신상석_ 전 한국일보 대표이사, 전 뉴스통신사 뉴시스 사장

창업과 1인 기업이 넘쳐나는 시대, 세금문제에 가로막히고 답답해할 그들을 향해 이토록 명쾌하고 재미있게 풀어낸 세무소설은 처음이다. 주인공 태울이 1인 기업가로 홀로 서는 과정은 현명한 절세노하우뿐 아니라, 사업하는 모든 독자들에게 깊은 위로와 격려를 선사할 것이다.

사업을 하는 사람뿐 아니라 가정주부도 꼭 읽어야 할 책이다. 사업하는 남편, 직장에 다니는 남편 등 이 시대의 가장들이 겪는 감정을 잘 이해할 수 있다. 주인공이 집 가까운 도서관을 놔두고 멀리 떨어진 도서관으로 출근하는 대목에서는 이 시절의 안타까움에 목이 메인다.

김종태_ 가톨릭의대 신경외과 교수

대한민국에서 세금을 어려워하지 않는 사람이 얼마나 될까? 특히 사업을 하는 사람이라면 사업 자체에 몰두하기에도 시간이 부족한데, 세금까지 신경을 쓰기는 쉽지 않다. 세금 문제는 전문가에게 맡긴다 해도 내 사업을 마냥 남에게 맡기고만 있을 수는 없다. 일도 본인이 잘 알아야 시키는 것도 잘하는 법이다. 그 골치 아픈 세금을 소설로 쉽게 풀어 이야기해주는 책을 만났다. 저자는 오랫동안 직장에서 세무회계로 잔뼈가 굵은 사람이다. 독자는 단 몇 시간만 투자하면 평생 사업에 도움이 될 세금지식을 얻을 수 있을 것이다. 이 얼마나 남는 장사인가.

장두희_ KBS미디어 뉴미디어 본부장

들어가는 글

세금 몰라도 사업하는 데 지장 없다고 하는 분들이 있다. 세금도 어차피 소득이 생겨야 내는 것이니, 세금에 대해 고민할 시간에 본업에 충실하며 돈을 많이 버는 것이 더 중요하다는 것이다. 맞는 말이다. 하지만 다시 한 번 생각해보자.

사업뿐만 아니라 우리 인생 자체가 세금 관계에서 결코 자유롭지 못하다. 대한민국 헌법에 있는 국민의 납세의무나 저 유명한 벤자민 프랭클린이 남겼다는 "죽음과 세금은 피할 수 없다"라는 명언을 굳이 들먹이지 않더라도, 우리는 살아가며 도처에서 세금을 만나게 된다. 심지어 죽기 전에 자신의 재산상속 관계를 미리 정리해두지 못하면 남겨진 자녀들에게 세금에 대한 고민이나 다툼을 야기할 수 있으니, 세금은 죽은 이후에도 따라다닐 수 있는 문제다. 그리고 자칫 세금 문제를 소홀히 했다가 세금폭탄이라도 맞게 되면 속된 말로 한방에 훅~ 갈 수도 있다. 세금을 잘 몰라서일 수도 있고, 세금을 좀 안다고 생각하고 절세를 해보겠다며 법과 제도를 회피하다가 세금으로부터 카운터블로를 맞는 경우일 수도 있다.

흔히 유리지갑이라 일컫는 보통의 직장인이라면 평소 세금과 관련해서 그다지 많은 고민을 하지는 않을 것이다. 소득이라곤 급여뿐인데, 매번 급여를 지급받을 때 이미 회사로부터 원천징수를 당하고(?) 있기 때문이다. 그러다 1년에 한 번 연말정산을 할 때가 되어서야 비로소 이런저런 소득공제를 챙겨본다. 꼼꼼하게 챙긴 덕분에 다행히 '13번째 급여'라는 걸 받게 되면 기쁜 마음에 술 한 잔 마시는 호기를 부려보기도 하지만, 어려운 살림 때문에 혹시 보험이라도 해약했다면 소득공제가 줄어들어 소득세를 추가로 납부해야 하는 불상사가 생기기도 한다.

대학에서 경영학을 전공한 나는 20여 년간 세 군데 회사를 다니며 회계·세무 분야에서 일했고, 급여소득자로서 해마다 연말정산을 했다. 직장을 떠나 2년 동안은 개인사업자로서 종합소득세를 냈고, 그 후 현재까지 몇 년간 지인과 함께 창업한 법인의 경영지원 업무를 총괄하면서 급여소득자로서 다시 연말정산도 하고, 사업소득자로서 종합소득세를 내는 한편, 회사 업무로서 법인세를 신고 납부하고 있다.

이렇게 오랫동안 회계와 세무 업무에 종사해 왔으면서도 막상 직장을 떠나 사업을 시작했을 때는 고민스러운 부분, 새로 배워야 할 부분이 많았다. 그것이 모두 세무에 국한되지는 않았지만 그중에서 가장 답답하게 느껴졌던 부분이 세무였다.

시중에 나와 있는 책을 여럿 살펴보았으나 대부분 딱딱한 전문용어의 나열과 설명으로 이어져 재미가 없었고, 일반인의 시각으로는 이해하기도 어려웠다.

그러던 어느 날 세금 문제로 고민하는 한 지인에게 관련 내용을 설명해주었는데, 내 설명이 쉽고 이해가 잘 된다며 블로그 같은 걸 해보면 어떻겠느냐고 제안을 하는 것이 아닌가. 그래서 블로그를 시작했고, 내친김에 '함께성장인문학연구원'에서 매일 4,000여 명의 독자에게 발행하는 뉴스레터의 필진으로 합류하여 격주 목요일에 '1인 기업가의 세금 이야기'를 발행하고 있다. 또한 지인의 소개를 통해 틈틈이 세금관리에 대한 강연을 하게 되면서 많은 사람들의 세금에 대한 관심과 어려움을 알게 됐다.

 그런 과정을 통해 세금에 대한 복잡한 지식을 흥미 있는 이야기 속에서 좀 더 쉽고 재미있게 알아갈 수 있는 길을 찾아보고자 고민하게 됐고, 그 결과로 '본격 세무소설'이라는 전무후무한 장르의 책이 탄생하게 되었다.

 최근의 경제상황은 암울하기 짝이 없다. 기업들은 상시적으로 구조조정을 시행하고 있으며, 평생직장 개념은 이미 사라진 지 오래다. 2016년 10월의 통계청 발표 자료를 보면 실업률이 3.6%로 최근 11년 만에 가장 높은 수치이며, 특히 청년실업률은 9.4%로 역대 최고다. 외환위기 당시인 1999년 9월의 8.9%보다 더 좋지 못한 상황이다.

 이런 사회적 분위기의 영향 때문인지 직장에 의존하기보다는 개인의 성장과 그 전문성을 기반으로 1인 기업가로서 자리매김하려는 사람이 늘고 있다. 나 또한 그 길을 가고 있는 사람 중 하나로서 이 책이 그런 이들에게 자그마한 도움이라도 되면 좋겠다.

 세금을 모르면 매출이 아무리 많아도 '밑 빠진 독에 물 붓기'가 될 수 있다. 사업하는 사람들이 한탄조로 흔히 하는 말이 "앞으로 남기고 뒤로 밀진다"라는 것이다. 심한 경우 세금폭탄을 맞고, 그 세금을 못 내서 집이 압류되는 경우도 주변에서 심심치 않게 본다.

이 책에는 우리의 인생 이야기가 있고 세금 이야기가 있다. 주인공은 회사에서 나름대로 입지를 구축하며 열심히 살아가는 직장인이었지만, 어느 날 갑작스럽게 권고사직을 당하게 된다.

그리고 우여곡절 끝에 마침내 1인 기업가로 거듭나게 된다는 드라마틱한 성장 스토리다. 사실 이런 주인공의 모습은 우리 주변에서 어렵지 않게 볼 수 있는 그 누군가의 모습이자 바로 이 책을 읽는 독자의 모습이기도 하다.

이 책이 창업을 하려고 하는 사람, 1인 기업가를 꿈꾸고 있거나, 이미 시작한 이들에게 도움이 될 것으로 믿는다. 독자들은 이 책을 읽으며 세금에 대한 기초적인 이해와 더불어, 사업을 진행하면서 겪게 되는 여러 가지 실제 사례에 대한 세금 관계를 잘 알게 될 것이다.

또한 절세 방안에 대해서도 아이디어를 얻을 수 있도록 스토리를 엮었으니, 이 책을 일독한 독자는 태울의 이야기를 통한 간접 경험과 타산지석의 교훈을 밑거름 삼아 현명하게 절세하는 사업자로 거듭날 수 있을 것이다.

'세금'이라는 말만 들어도 머리가 아프고 이해할 수 없었던 독자라면, 창업을 앞두고 세금에 대해 궁금한 점이 많은 독자라면 이제부터 펼쳐지는 주인공 태울의 이야기를 통해 세금과 좀 더 친해질 수 있기를 바란다. 자 이제부터, 주인공 태울을 따라 흥미롭게 펼쳐지는 이야기 속으로 함께 떠나보자.

contents

추천사 - 1인 기업의 창업 과정을 풍미 진하게 요리한 '세무소설' 004
추천사 006
들어가는 글 008

1부 고해(苦海)

1. 추락 - 날개 잃은 가장 019
2. 분노 - 그동안 충성한 대가가 조기퇴직이라니 024
3. 늪 - 내조는 바라지도 않아 026
4. 눈물 - 동굴이라도 있으면 숨고 싶어 029
5. 결핍 - 터널시각으로 인한 악순환 032
6. 노동 - 사람은 무엇으로 사는가 035
7. 멘토 - 꿈에 들다 039
8. 라면 - 고독 속의 행복 042
9. 각성 - 다시 만난 꿈속의 여인 045
10. 시크릿 - 꿈꾸기의 허상 048

2부 인생 역정(歷程)

11. 목표 - 그곳에 닿는 여러 갈래 길 053
12. 한 걸음 - 새로운 여정을 시작하는 056
13. 뜻밖의 소득 - 기타소득이 뭐야? 064
14. 이어지는 행운 - 사업소득 069
15. 원천징수 - 당하기도 하지만 내가 해야 할 때도 있다 080
16. 사업자 등록 - 내가 사업자라니, 폼 나잖아 086
17. 세금 효과 - 세금이 두 사람의 주머니에 미치는 영향 088
18. 간편장부 - 사업자의 장부 기장 의무 093
19. 고객의 변심 - 계약서 작성의 중요성 096
20. 프리랜서와 사업자의 차이 - 부가가치세 효과 099
21. 동업 - 절세 효과? 105
22. 면세사업자 - 세금을 안 낸다? 107

contents

23. 간이과세자 - 세금을 줄일 수 있다? 111
24. 살아남기 - 골이 깊으면 산이 높다 118
25. 종합소득세 - 추계에 의한 소득세 계산은
    어떻게 하는가? 121
26. 사업 2년차의 함정 - 단순경비율과
    기준경비율의 차이 129
27. 세금 폭탄 - 기준경비율로 추계하는 경우 134
28. 절세비법? - 비용을 최대한 인정받는 게 답이다 138
29. 접대비 - 한도가 있다던데? 142
30. 아르바이트 - 원천징수 꼭 해야 하나? 147
31. 응능부담의 조세원칙 - 이름이 다르면 부담할 세금도
    다른 게 정의로운 것인가? 151
32. 분리과세되는 소득 - 세 가지 156
33. 유혹 - 절세와 탈세의 경계선 158

3부 깨달음

34. 신용관리 - 신용이 깡패 167
35. 궤도 - 현금흐름 169
36. 내가 내는 세금 - 일상 속의 세금 172
37. 인연 - 혹은 우연의 축복 176

에필로그 178
마치는 글 179
감사의 글 185

부록 188
  1. 태울이 받은 기타소득과 사업소득에 대한 원천징수영수증
  2. 태울의 종합소득세 신고서 작성사례

창업과 세금 이야기: 개인사업자편
태울 1인 기업가가 되다

1부
고해(苦海)

너는 내일 일을 자랑하지 말라.
하루 동안에 무슨 일이 일어날는지 알 수 없음이니라.

- 잠언 27 : 1 -

01

추락
날개 잃은 가장

　월요일 아침 7시, 태울은 습관처럼 눈을 떴지만 평소와 달리 침대에서 곧바로 일어나지 않고 몸을 뒤척였다. 지난 금요일, 10년간 헌신했던 회사에 사표를 냈지만 아직 실감은 나지 않는다. 침대에 몸을 뉘인 채 이제부터 무슨 일을 할지, 시간을 어떻게 보내야 할지 고민하며, 간밤의 뒤숭숭했던 꿈이 무엇이었는지 기억하려고 애썼다.

　4월의 아침, 창을 타고 들어온 이른 햇살의 밝고 따스한 기운과 귓가에 들려오는 새들의 지저귐에 태울의 마음은 평화로웠다. 평소에는 잘 들리지 않던 위층의 발소리, 문 여닫는 소리, 물 흐르는 소리들로 세상은 깨어나고, 사람들이 이제 자신의 하루를 시작하려 한다는 것이 느껴졌다.

주변이 부산해지자 태울은 간밤의 꿈에 대한 기억을 소환하려는 노력을 포기했다. 밤에 잠들면 다시 꿀 수 있으리라 생각하며 자리를 털고 일어났다. 아내에게는 퇴직 사실을 미리 알렸지만, 중학생인 딸아이에게는 아내와 상의한 끝에 아직 말하지 않기로 했다. 잠시 쉬는 것이고, 곧 어디든 재취업을 하게 될 터이니 어린아이의 마음에 작은 그늘이라도 만들어줄 이유는 없다고 생각했다. 그래서 이날 아침에도 태울은 평소와 다름없는 모습으로 아내와 아이에게 인사를 하고 집을 나서야 했다.

태울은 10분 거리에 있는 동네 도서관까지 천천히 걸어갔다. 그런데 종합자료실은 오전 9시부터 열린다는 것을 깜빡 잊었다. 이제 겨우 8시, 근처 가게에서 산 캔 커피를 들고 도서관 뒷골목으로 들어가 담배를 꺼내 물었다. 한 시간가량 골목길에서 서성이며 담배 서너 개비를 태운 끝에야 도서관에 입장할 수 있었다.

태울은 문을 열자마자 안으로 들어서는 자신을 도서관 직원들이 힐끗거리며 쳐다본다고 느꼈다. 슈트에 구두까지 말끔하게 차려 입은 직장인이, 이런 시간에 도서관에는 무슨 일이냐고 묻는 것만 같았다. 생각해보니 조금 전 도서관 뒷골목을 서성일 때도 등교를 하거나 출근하는 이들이 자신을 힐끗거리는 표정이 마치 때와 장소에 어울리지 않는 이방인을 보는 것 같다는 느낌이었다. 어쩌면 태울은 자격지심으로 스스로에게 이질감을 덧씌우고 있는 것인지도 몰랐다.

서가를 천천히 둘러보던 태울은 관심이 가는 몇 권의 책을 꺼내 들고 자리에 앉았다. 오랜만에 여유 있게 독서를 할 수 있겠다는 마음으로 책에 시선을 두고 있었지만, 얼마 지나지 않아 이런저런 상념에 빠져

들며 더 이상 책장을 넘기지 못했다.

직장에서의 오전 시간은 이메일을 확인하고, 할 일 목록을 정리하고, 전화통화를 하고, 회의자료를 준비하고, 직원들에게 업무지시를 하면서 활기에 넘쳤다. 많은 동료들과 조직적이고 목적지향적인 커뮤니케이션을 하며 업무를 진행했다. 지난 20여 년간 그러한 일들을 열심히 했고, 또 꽤나 잘해왔다고 생각했다. 과중한 업무에다 야근도 많이 했고, 일정에 쫓기는 프로젝트를 위해서는 '주말만이라도 좀 함께 보내자' 하는 가족들을 뒤로 하고 회사를 향했다.

지난 순간들이 주마등처럼 머릿속을 스쳐 지나갔다.

대학을 졸업하고 첫 직장에서 4년, 두 번째 직장에서 5년. 그리고 10년을 다닌 세 번째 직장에서는 그런 성실함과 능력을 인정받아 임원의 자리에까지 올랐다. 일을 통해 성취감을 느꼈고, 그 보상으로 높은 연봉에 법인카드와 법인차량도 받았다. 성공이라는 단 열매는 아침마다 태울을 깨웠고, 보상이라는 휘발유는 태울을 멈추지 않는 엔진으로 달릴 수 있게 해주었다.

그런데 사장실에 불려갔던 한 달 전쯤의 어느 날, 그렇게 영원할 것만 같았던 장밋빛 날들이 잿빛으로 변하고 말았다. 총천연색이었던 태울의 인생은 그날부터 흰색 노이즈로 지저분한 흑백 스크린이 되고 말았다. 사장의 미안해하는 표정과 그 입에서 흘러나오던 말이 슬로모션처럼 흑백 스크린에서 무한 반복 재생된다.

"김 이사도 지금 회사 사정을 잘 알고 있겠죠? 그래서 본사에서는 몇 명을 내보내기로 했어요. 회사 사정상 많은 보상은 못 해주지만 그래도 최선을 다해 본사로부터 받은 김 이사의 명퇴조건은 이렇습니다. 고민할 시간이 필요한가요? 고민해보고 여기 사인해주세요."

드라마와 영화에서나 보았던 비현실적인 장면이 자신의 현실로 다가온 순간 태울은 머릿속이 하얗게 표백된 듯 멍한 상태가 되고 말았다. 몇 분, 몇 시간 혹은 며칠간의 고민할 시간을 가질 수 있는 것인지 묻지도 못하고, 사장이 내민 펜을 들고 눈앞에 놓인 서류에 사인을 했다. 문서 제목이 뭐였는지 기억이 나지 않자 태울은 머리를 흔들었다.

'제목이야 어쨌든 무슨 상관이람.'

도서관에 앉아 있어 봐야 책도 눈에 들어오지 않고 상념만 많았다. 태울은 자리를 털고 일어났다. 골목길에서 담배에 불을 붙이는데 갑자기 허기가 느껴졌다.

'누구랑 밥을 먹지? 어디 가서 먹을까? 오랜만에 친구나 찾아가볼까?'

시계를 본 태울은 이미 12시가 된 것을 확인하고 친구에게 가는 것을 포기했다. 자신도 그러했던 것처럼 대체로 성공한 사람 혹은 바쁘게 사는 사람은 점심 약속이 많거나, 없더라도 그런 척을 하거나, 아니면 그 시간에도 일을 하고 있다. 그래서 미리 약속되지 않은 갑작스런 점심 방문은 상대를 곤란하게 만들 수도 있다고 생각했다.

친구의 회사로 찾아가자면 한 시간은 족히 걸리는데, 사전에 약속도 하지 않았고, 지금에서야 전화를 해서 친구를 기다리게 만들자니 배가 많이 고프겠지 하는 생각도 들었다.

'그나저나 이런 상황에서도 배꼽시계는 참 정확하기도 하네.'

태울은 쓴웃음이 나왔다.

식판에 담아 온 밥과 국 그리고 몇 가지 반찬은 도서관 구내식당의 저렴한 가격을 반영하고 있었다. 직장에 다닐 때는 점심시간이 마치 하루 일과 중 가장 중요한 일인 양, 맛있는 음식을 찾아 동료들과 함께 무리 지어 몰려다녔던 기억이 났다. 배는 고팠지만 혼자 먹는 것도 어색하고, 찬이 입에 맞지 않아 몇 술 뜨는 둥 마는 둥 하고 일어서고야 말았다.

02

분노
그동안 충성한 대가가 조기퇴직이라니

2주쯤 지난 어느 날, 아내가 아침상을 준비하고 태울을 깨웠다. 출근시간에 대한 의무감이 사라진 태울은 차츰 아침에 눈을 뜨기가 어려워졌고, 아내가 깨워야 눈을 뜨는 날들이 이어졌다.

"약은?"

몸이 무거운 듯 식탁 의자에 털썩 주저앉는 태울에게 아내가 물었다. 태울은 또 깜빡 잊었다며 방으로 돌아가 약을 가지고 나와 물과 함께 넘겼다.

회사를 나오기 전 마지막으로 진행한 프로젝트에서 몸을 혹사한 태울은 그 때문인지 병을 얻었다. 세계적인 경기침체의 여파로 갑작스레 미국 본사로부터 내려온 지시사항은 한국에서 사용하는 비용을 40퍼센

트 감축하라는 것이었다. 전기료 아끼고 이면지 활용하는 식으로는 어림도 없는 수준의 요구를 받고, 처음에는 할 수 없다고 버텨보기도 했지만 결국 인원을 감축하고 임대료가 더 저렴한 곳으로 사무실을 이전하는 등 대대적인 구조조정을 통해 주어진 임무를 완수했다.

그 와중에 여러 달 동안 야근과 철야는 물론 주말까지 반납하면서 몸과 마음을 소진해버린 터였다. 계절은 이미 겨울을 지나 봄기운이 완연했지만, 태울의 몸은 오히려 한겨울처럼 가라앉았다. 처음에는 단순한 감기 몸살인 줄로만 알고 약을 먹고 버텼다. 한동안 괜찮더니 2주쯤 지나 다시 감기 몸살에 걸렸다. 또 약을 먹었지만 2주쯤 지나니 다시 감기 몸살 증상이 나타나는 것이 아닌가. 그제야 몸 상태가 심상치 않음을 느끼고 병원을 찾았다.

수많은 환자로 마치 도떼기시장 같은 대기실에서 한참을 기다리고서야 만난 의사는 '당뇨병'이라는 진단 결과를 알려주며, 앞으로 평생 인슐린 약을 복용해야 한다고 말했다. 그런 다음 의사는 별 대수롭지 않은 일이라는 듯 무심하게 "처방전 받아가세요" 하면서 간호사에게 다음 환자를 부르라고 눈짓을 했다. 태울은 의사의 권위적인 말투에 제대로 대꾸 한 번 못 해보고 떠밀리듯 병원을 나섰다. 마른하늘에 날벼락을 맞은 기분이었다.

밥상을 앞에 두고 갑자기 울화가 치민 태울은 입맛이 떨어져 수저를 내려놨다.

'회사를 위해 지난 10년간 얼마나 충성을 했는데, 날 이렇게 헌신짝처럼 내버리다니' 하면서 회사와 사장을 향한 분노가 치밀었다.

03
내조는 늘 바라지도 않아

신문이나 방송은 온통 '취업난' 소식으로 가득한 것 같았다. 기업들의 대규모 정리해고 뉴스도 계속 들려왔다. 예전에 이직하면서 도움을 받았던 몇 명의 헤드헌터에게 이력서와 자기소개서를 보내고 몇 군데 회사를 추천받아 면접을 보기도 했지만, 40대 후반의 일반 관리직에게 재취업은 그리 녹록하지 않았다.

대졸 신입도 아니고 20여 년 가까운 경력이 있으니 재취업이 그리 어렵지 않을 것이라 생각했지만 시간이 흐를수록 자신감이 점점 떨어졌다. 급한 마음에 눈높이를 낮추고 아무 곳이라도 대충 들어갈까 생각도 해보았지만, 그런 곳에서 제안받은 급여는 너무 낮았다. 수요는 없고 공급이 많으니 가격이 떨어지는 것은 당연했다.

도서관을 나와 선배에게 전화를 했다. 10여 년 전부터 독립해서 회사를 경영하고 있는 선배인데, 술이라도 한 잔 하면서 이런저런 얘기를 나누다 보면 뭔가 도움이 되지 않을까 하는 막연한 기대 속에서 만날 약속을 했다.

선배는 여러 가지 좋은 얘기를 해주었다.

'눈높이를 낮춰라' '강점과 경험을 잘 정리해서 자기소개서에 스토리텔링을 해라' '주변 인맥을 최대한 활용해 소개를 받아라' 등, 신입사원에게나 어울릴 법한 조언부터, '마음을 편하게 먹어라' '여행이라도 다녀와라' 하는 식의 공허한 위로까지.

선배가 침을 튀겨가며 자신의 역할극에 몰입해 갈수록, 태울은 차츰 자리가 불편해졌다. 하지만 헤어질 때는 허리를 90도로 꺾어 과장되게 인사를 했다.

집으로 돌아가는 발걸음이 무거웠다.

밤이 늦어 모두 잠이 들었는지 집 안은 조용했다. 태울은 씻지도 않고 무기력하게 거실 소파에 몸을 뉘었다. 인기척에 잠을 깼는지 아내가 거실로 나왔다.

"여보, 도서관 말인데…… 우리 동네 말고, 좀 멀리 다니면 안 돼?"

"왜?"

팔을 이마에 올린 채 태울이 고개를 들어 묻자, 아내는 미안하다는 듯 대답했다.

"오늘 아침에 당신이 도서관에 있는 걸 아이 친구 엄마가 봤대. 며칠 전에도 봤다는데, 하루 이틀도 아니고 매번 도서관에 있는 당신을 보면 동네에 소문이 날 수도 있고……"

"무슨 소문?"

아내는 대답하지 않았다. 태울도 굳이 아내의 대답이 필요치 않았다. 아내의 목소리는 조심스러웠지만, 태울은 짧은 순간 한숨짓는 아내의 표정을 보고야 말았던 것이다.

'내가 한심한 거야?' 하는 말이 목구멍까지 올라왔지만, 차마 내뱉지는 못했다.

다음 날 아침, 태울은 버스로 30분 거리에 있는 도서관으로 '출근'을 했다.

04
눈물
동굴이라도 있으면 숨고 싶어

날은 점점 뜨거워져 한여름으로 접어들었다. 태울은 책을 읽고 있으면 왠지 마음이 편했다. 회사 다닐 때에 비하면 노타이에 차림새가 다소 간소해지긴 했지만, 여전히 와이셔츠와 정장바지에 구두를 신고 다니는 태울에게는 도서관의 냉방이 썩 만족스럽지는 않았다. 그래도 그럭저럭 시간을 보낼 만했기에 마음 가는 대로 매일 한두 권씩 책을 골라 읽었다. 종교나 심리학, 신화 등의 주제를 주로 읽으니, 태울에게는 현실도피와도 같았다.

자판기 커피나 캔 커피 말고, 제대로 된 뜨거운 라테를 한 잔 마시고 싶다는 생각으로 도서관을 빠져나와 번화가로 내려갔다. 점심을 먹기 위해 몰려나온 주변의 직장인들이 거리를 가득 메우고 있었다. 식당은 빈자리 없이 빼곡했고, 커피전문점마다 사람들이 줄을 지어 서 있었다. 커피 한 잔을 받아 들고 어렵사리 빈자리를 찾아 앉았다. 책 읽는 것 말고는 한 일이 없었는데도 괜히 피곤해서 어딘가 앉아 쉬고 싶었다. 사람들의 이야기 소리가 너무 소란해서 귀가 아플 지경이었다.

이어폰을 꺼내 음악을 들으며 커피를 한 모금 마시자 이내 주변 사람들과 그들의 대화소리와 격리되며 섬 같은 느낌이 몰려왔다. 그 고독감에 태울은 갑자기 눈물이 났다. 자신의 눈물에 깜짝 놀란 태울은 '왜 이러지?' 하며 스스로에게 질문을 던져봤지만 이유를 알 수 없었다. 아니 굳이 알고 싶지 않았다.

타인들의 시선을 생각하자 왠지 부끄러워진 마음에 급히 스마트폰에 담겨 있는 동영상을 켰다. 점심시간 카페에 앉아 있는 중년의 남성이 눈물짓고 있는 데 대한 변명거리가 필요하다고 느꼈다. 뭔가 슬픈 드라마라도 보는 것으로 생각해주길 기대하며 태울은 눈물을 슬쩍 훔치고 작은 화면을 바라보며 잠시 감정을 추슬러보았다.

동영상은 노래 경연 프로그램이었다. 작은 화면 속에서 경연 참가자가 이소라의 '바람이 분다'를 부르고 있었다.

바람이 분다.
세상은 어제와 같고,
시간은 흐르고 있고
나만 혼자 이렇게 달라져 있다.

태울의 마음은 둑 터진 강물이 되어버렸다. 가슴속 불덩이가 뜨거운 눈물이 되어 볼을 타고 흘러내렸다. 입술을 적시고 테이블에 떨어진 눈물에서 김이 아지랑이처럼 피어올랐다. 그렁그렁 눈물 맺힌 태울의 눈에는 그렇게 보였다. 태울은 저 아지랑이처럼 이 공간 속에 흩어져 사라져버리고 싶다고 생각했다.

05
결핍
터널시각으로 인한 악순환

회사를 나온 지 반년이 지났다. 아침저녁으로 쌀쌀해진 날씨와 한껏 높아 청명한 하늘은 코발트 색깔로 결실의 계절임을 웅변하고 있었다.

처음에는 휴가라도 얻은 듯 느긋하게 쉬고 싶었지만, 생활비며 아이 학원비, 주택담보대출금 상환액 등 매달 지출해야 할 적지 않은 비용을 생각하면 마음이 편치 않아 마냥 쉬고 있을 수만은 없었다.

통장 잔고는 바닥이 나고, 매달 아내에게 주는 생활비는 마이너스 통장으로 해결해나가야 하는 상황이 되었다. 퇴직하기 전에 신용으로 받아놓은 마이너스 통장의 한도까지는 아직 여유가 좀 있었지만, 하루하루 시간이 지날수록 초조한 마음은 곱절이 되어갔다.

모처럼 면접기회가 왔다. 평소 알고 지내던 헤드헌터가 외국계 다

국적기업의 매니저급 포지션에 태울을 추천해주었고, 서류전형을 통과했으니 면접을 보라고 했다. 태울은 임원급으로 취업을 원했지만, 상황이 급하니 우선 매니저급에 입사한 후 차차 실력을 보여주며 승진하자고 생각했다.

태울은 인터넷을 통해 회사에 대한 자료를 샅샅이 모아 살피고, 유료의 회사 신용평가 자료까지 구매하여 분석하는 등 회사에 대한 연구와 분석에 최선을 다했다. 한국에 지사를 설립한 지 10년 된 회사로, 최근 3년간의 재무자료를 통해 국내에서 매출이 꾸준히 증가하고 있으며 수익성과 재무적인 안정성이 매우 탄탄한 기업이라는 것을 알게 되었다.

신문기사를 통해 회사 대표는 벨기에인으로 한국에 부임한 지 1년 남짓 되었다는 것을 파악한 다음, 헤드헌터를 통해 그의 성격과 업무스타일 등을 알아내고 면접 전략을 짰다.

면접 당일, 20여 명쯤은 들어갈 것 같은 큰 회의실에 세 명이 앉아 있었다. 회사 대표와 인사부장, 실무진 한 명이었다. 긴 테이블을 사이에 둔 3대 1의 만남이었지만 태울은 활기찬 태도로 분위기를 순조롭게 풀어갔다.

회사 대표가 외국인인 관계로 영어로 진행하는 면접이었지만 이야기가 잘 통했다. 이전 직장에서의 경험과 실무능력에 대한 질문에도 준비한 대로 막힘없이 적극적인 자세로 잘 대답할 수 있었다. 면접이라기보다는 마치 비즈니스 미팅 같은 화기애애한 분위기 속에서 서로를 알아가는 느낌이었다.

면접은 어느덧 막바지로 접어들었고, 이제 태울은 이 회사에 한 자리를 얻게 될 것이 확실하다는 직감을 받았다.

회사 대표는 마지막 질문이라며 태울에게 물었다.

"내가 지시한 업무가 본사의 경영방침에 위배된다는 사실을 당신이 알게 된다면 어떻게 할 건가요?"

태울은 순간 등골에 오싹한 긴장감을 느꼈다.

'이런, 지금까지 분위기가 좋았는데 갑작스런 압박질문, 양자택일의 문제라……. 나를 채용하고 말고는 이 사람이 결정하는 거니까, 본사보다는 이 사람에게 충성을 보여야 하겠지.'

태울은 아주 잠깐 망설였지만, 취업이라는 다급한 현실 앞에 쫓기듯이 대답했다.

"당신을 믿고 따르겠습니다."

회사를 벗어난 태울은 얼굴을 들지 못하고 지하철역까지 힘없이 걸어갔다. 취업이라는 갈급함에 눈이 멀지 않고서야, 사회 초년생도 알 만한 면접 질문에 이리 허무하게 실수를 하다니. 하지만 한 번 내뱉은 말은 다시 주워 담을 수 없었다. 다 잡은 토끼를 놓친 느낌이었지만, 스스로 너무나 잘못했다는 것을 깨달았기에 아깝다는 생각보다는 부끄러운 마음이 더욱 컸다.

결핍은 사람을 터널시각으로 만든다. 태울은 직장 부재라는 결핍으로 인해 취업과 면접을 대하는 태도에서 평상심을 잃고 말았다. 그런 갈급함이 없었더라면 같은 질문에 다른 답을 할 수 있었을 터다. 태울은 '법과 제도, 회사 규정을 따르는 것이 상사의 지시에 우선한다'라고 대답하지 못했고, 결국 다 잡은 기회를 살리지 못했다.

06
노동
사람은 무엇으로 사는가

태울은 톨스토이의 단편 소설 '사람은 무엇으로 사는가'를 읽었다.
'뭔가 대단한 진리가 있을 것 같은 제목이었는데, 결국 사랑 타령이군. 그게 종교적인 의미의 사랑이라고 해도, 사람이 사랑만으로는 살 수 없지. 우선 생존의 문제를 해결해야 해. 더구나 나는 한 집안을 책임지고 있는 가장이 아닌가. 토끼 같은 자식과 여우 같은 마누라가 나만 바라보고 있잖아. 먹고사는 문제를 해결하지 못하면 이 세상에 존재할 수도 없으니, 언제까지나 이렇게 부지하세월 하고 있을 수만은 없어.'

태울은 스마트폰에 아르바이트 어플리케이션을 깔아놓고 적당한 일이 없는지 틈틈이 살펴보기 시작했다. 도서관에 틀어박혀 하루 종일

책만 읽는 게 지루해지기도 했고, 재취업이 되기 전까지 재미있는 경험도 하면서 소소하게 점심값이라도 벌어보자는 생각이었다.

'소싯적에는 공사판 막노동도 해본 몸이다. 무슨 일인들 못하겠나. 다만 이제는 연식도 있고 재취업도 해야 하니, 짧은 시간에 재미있게 할 수 있는 단기 아르바이트를 찾아보자.'

방송 에이전시에서 방청객이나 보조출연자를 모집하는 공고가 눈에 들어왔다. TV프로그램을 방청하면서 돈도 벌 수 있다니, 그거 괜찮겠다고 생각하며 찾아간 에이전시에서는 1만 5,000원을 등록비로 먼저 내라고 했다. 방청객 아르바이트를 몇 번이나 하게 될지 수지타산을 따져보면 그다지 남는 게 없을 것 같았지만, 호기심에 이끌려 등록비를 내고 연락을 기다렸다.

며칠 후 연락이 왔는데, 방청객이 아니라 현재 방영 중인 사극의 보조출연자로 나가보라는 것이었다. 시간당 임금을 계산해보니 하루 일당이면 꽤 괜찮겠다는 생각이 들었다.

다음 날 새벽 5시 30분, 여의도 M방송국 앞으로 나가보니 100여 명의 남자들이 우글거리고 있었다. 대형 버스 두 대에 나눠 타고 서울을 벗어나 경기도의 이름 모를 산에 있는 드라마 야외촬영지로 이동했다.

100여 명의 보조출연자들은 길거리 주차장에서 국밥으로 간단히 아침을 때우고 임진왜란 시기의 왜병 복장으로 갈아입었다. 옷에서는 누군지 모를, 전에 입었을 사람의 땀냄새가 진동했고, 전투화는 발에 맞지 않아 걷기조차 힘들었다.

대강 복장을 갖춘 다음 조연출과 관계자들이 보조출연자들을 이리 줄 세우고, 저리 내달리게 하며 드라마에 필요한 장면 한 컷 한 컷을 섬세하게 찍었다. 여러 차례 NG가 나고서야 OK 되는 상황이 지루하게 반복되는 사이, 해는 중천에 떠올랐다. 왜군의 형색을 뒤집어쓰고 있는 보조출연자들의 얼굴은 이미 땀으로 범벅이었다.

점심으로 1회용 그릇에 담긴 도시락이 배급되었고, 사람들은 야산 나무 그늘에 삼삼오오 모여 앉아 잠시 휴식을 취했다. 태울은 딱히 아는 사람이 없었기에 한구석에 홀로 앉아 대충 국에 말아 삼킨 후 조용히 담배를 물었다. 어느 산 속인지 모르겠지만 도망가고 싶은 마음이 굴뚝같았다.

점심 휴식 시간이 끝나자 사람들은 다시 버스에 올라탔다. 잠시 단잠을 자는 사이 버스는 용인에 위치한 사극 세트장으로 이동했고, 보조출연자들은 이번에는 조선의 평민 복장으로 갈아입고 수성전 장면을 찍게 되었다. 왜군을 맞아 성 안에서 군사들을 도우며 전투를 벌이는 장면이었다.

보조출연자의 얼굴이 카메라에 자세히 잡힐 리 만무했지만, 갑자기 PD가 태울을 가리키며 연기 지시를 했다. 왜군의 공격에 성 안의 군사와 평민들이 모두 합심하는 가운데 평민 한 사람이 열심히 밧줄을 다루는 장면이었다. 태울은 설마 하며 지시받은 동작을 행하는데 카메라가 정면으로 줌인해 들어왔다.

촬영은 밤까지 이어져 야간전투 신을 몇 장면 더 찍고, 밤 9시가 되어서야 끝이 났다. 여의도에서 해산하여 집으로 돌아오니 벌써 자정이 가까운 시간이었다. 새벽부터 자정까지의 강행군으로 몸은 파김치 같았지만, 태울은 작은 기쁨을 느꼈다. 하루를 온전히 소모했지만, 시간외 수당이 붙으면서 2주 정도 점심을 해결할 용돈을 벌 수 있었던 것이다. 한편으로는 카메라에 담긴 자신의 모습이 전파를 타게 되면 사람들이 알아보지 않을까 걱정이 되었다. '드라마 출연'이라는 예상치 못한 에피소드를 기쁘게 생각할 수만은 없었던 것이, 평소의 자신이라면 그런 일을 할 리가 없지 않은가. 가족과 친지들 특히 드라마 열혈 시청자인 어머니에게 들키는 것이 가장 염려스러운 일이었다.

며칠 뒤 방영된 해당 방송분에서 확인한 태울의 모습은 조선의 평민답게 머리에는 두건을 쓰고 덥수룩한 수염으로 얼굴의 반을 덮어 놓아서 누군지 알아보기 어려웠고, 화면에 노출되는 시간도 1초 정도로 매우 짧았다. 평소 태울을 아는 사람이 보더라도 쉽게 알아채지 못할 것 같았다.

그래도 혹시나 하는 마음에 그 드라마를 '본방사수'한다는 친구에게 살짝 귀띔을 해주면서 찾아보라고 했는데, 그 친구도 태울의 출연 장면을 찾지 못했다고 했다. 태울은 그제야 안심하고 자신만의 한 조각 재미있는 추억으로 남길 수 있겠다고 생각했다.

그 후로도 태울은 음성인식 인공지능에 목소리 녹음하기, 전국한의사협회 주소록 현황 파악하고 엑셀로 정리하기, 담배 맛 설문조사, 물류창고 상·하차 아르바이트 등 젊은 시절에도 해본 적이 없었던 여러 가지 아르바이트에 도전해보았다.

세상에 공짜는 없다고 했다. 쉬운 일은 벌이가 적었고, 벌이가 괜찮은 일은 고단했다.

07
멘토
꿈에 들다

태울은 숲속을 헤매고 있었다. 태양이 하늘 높은 곳에서 밝게 빛나고 있었지만, 울창한 나무가 빽빽한 깊은 숲속에는 빛이 들지 않았다. 웅덩이에 고인 물이 썩는지 불쾌한 냄새가 코를 찔렀다.

무엇인가를 찾으며 희미한 길의 흔적을 따라 걷던 태울은 급기야 길을 잃고 말았다. 인적 없는 숲속에서 길까지 잃고 나니 눈앞이 캄캄했다. 이마에서는 연신 굵은 땀방울이 비 오듯 흘러내렸다. 물 한 모금이 간절했으나, 가끔 이름 모를 동물들의 울음소리만 들릴 뿐 지나가는 사람도 하나 없었고 물을 구할 방법도 없었다.

무작정 숲을 헤치며 한참을 더 걷느라 가시나무에 긁혀 여기저기서 피가 나고 따끔거렸다. 속옷까지 젖은 모양새가 마치 물에 빠진 생쥐 같았다. 급기야 '이러다가 죽을 수도 있겠구나' 하는 불안감에 태울의 몸은 떨리기 시작했다. 그렇게 물에 빠진 소금처럼 무거워진 몸으로 지쳐 쓰러지려는 찰나 멀리서 물 흐르는 소리가 들려왔다. 태울은 한 가닥 희망을 안고 가시덤불을 헤치며 물소리가 들려오는 곳으로 한참을 더 기다시피 몸을 끌고 갔다.

덤불 너머 아름드리나무 몇 그루를 통과하자 계곡물이 보였다. 물은 많지 않았지만 산 위에서 내려오는 맑은 물이었다. 태울은 마치 새 생명이라도 얻은 것처럼 기뻐하며 허겁지겁 두 손에 물을 받아 목을 축였다. 이때 계곡 위쪽에서 목소리가 들려왔다. 여성인데, 어딘지 근엄한 목소리였다.

"무얼 찾고 있는 게냐?"

깜짝 놀라 고개를 들고 바라보니 흰 옷을 입은 여인이 서 있는데, 머리 뒤에서 빛이 나와 어두운 숲을 등불처럼 밝히고 있었다.

"길을 잃었습니다."

태울이 대답하자, 여인이 다시 물었다.

"어디로 가고자 하느냐?"

"애초에 어디로 가려고 했는지는 기억나지 않지만, 지금은 사람들이 있는 곳이면 어디든 좋겠습니다. 배도 고프고 너무나 지쳐 쉬고 싶습니다."

"이 숲속에서도 열매로 허기를 면할 수 있고, 그루터기를 베고 쉴 수 있느니. 정녕 너는 사람들이 사는 마을로 가고픈 것이더냐?"

태울은 눈을 떴다. 책을 읽다가 스르르 잠이 들었던 것이다. 매일 밤 꿈을 꾸는데, 아침에 일어나면 무슨 내용이었는지 도무지 기억하질 못했었다. 그런데 드디어 꿈의 한 자락이 기억났다. 꿈속에서 본 여인의 모습은 어렴풋했지만 그 분위기는 근엄하면서도 자애로운 어머니 같은 느낌이었다. 그리고 그녀의 질문이 계속 머릿속에 맴돌았다.

'어디로 가고자 하느냐?'

08
라면
고독 속의
행복

　추석 명절을 하루 앞둔 지하철은 집으로 혹은 고향으로 발길을 향하는 사람들로 가득했다. 대부분 회사에서 받았을 선물세트를 한 꾸러미씩 들고 있었다. 태울은 직장생활을 하면서 그런 선물을 받을 때마다 집까지 들고 가기가 귀찮기도 했고, 싸구려 선물세트로 생색이나 내려는 회사의 의도를 생각하며 코웃음을 치곤 했던 자신이 기억나 쓴웃음이 났다. 지금은 그마저도 부러운 마음이 들었던 것이다.
　모처럼 일찍 집으로 들어간 태울은, 추석 앞에 빈손으로 들어온 터라 집에 아무도 없는 것을 보고 한편으로는 다행이다 싶었다. 그래도 궁금해서 아내에게 전화를 해보았는데 받지 않았다. 딸은 학원에 있을 시간, 태울은 허기진 배를 채울 요량으로 오랜만에 라면을 끓여 먹기로 했다.

다행스럽게도 부엌 수납장에는 라면, 냉장고에는 달걀과 김치가 있었다. 태울은 학창시절에 자취를 하며 곧잘 끓여 먹던 김치라면의 조리 과정을 잠시 생각해보았다. 가스레인지에 불을 켜는 순간부터 완성된 음식을 식탁 위에 올려놓기까지의 과정을 머릿속에 순서대로 그려본 후에, 깨끗한 냄비를 꺼내 물을 받았다.

'냄비에 물 담기'는 태울의 라면 조리 과정에서 첫 단계이면서 가장 중요한 단계였다. 김치라면에 달걀을 풀어넣은 국물은 그 시원함과 칼칼함과 부드러움이 세상에 다시없을 별미인데, 물의 양에 따라 그 농도가 달라지거니와, 적으면 못내 아쉽고 많으면 다 먹을 수 없어 국물을 버려야 하는 안타까운 사태가 생길 수 있다.

당뇨병을 앓고 나서부터 태울에게는 한 숟가락을 더 먹고 덜 먹는 것이 상당한 영향을 끼쳤다. 부족할 때는 채워지지 않은 욕구에 불만이 올라왔고, 조금이라도 넘칠 때는 몸의 과도한 인슐린 요구에 힘이 들고 짜증이 올라왔기 때문이다.

이 때문에 태울은 비록 라면이라는 인스턴트 식사 한 끼임에도 맛과 양 두 가지를 동시에 충족시키기 위해 신경을 썼다. 각종 재료들이 끓는 물 속에서 부피가 얼마나 커질 것인지, 냄비의 크기와 바닥 면적을 고려했을 때 조리 과정에서 물이 얼마나 기화하여 공기 중에 흩어질 것인지를 가늠하며 물의 양을 조절했다. 그 모습은 마치 적막한 산사에서 수도승이 찻잔에 찻물을 따르는 동작처럼 우아하고 섬세했다.

가스레인지에 불을 켜고 김치 일곱 조각을 냄비에 넣었다. 라면 한 입에 김치 한 조각씩을 같이 먹을 수 있도록 양을 조절한 것인데, 김치가 먹기 좋은 크기로 잘라져 있었기에 일곱 조각이면 적당하다고 판단했다. 냄비의 물이 끓자 김치에 묻어 있는 양념을 고려하여 짜지 않도록 라면 수프를 5분의 2만 넣고, 김치가 부드럽게 익을 수 있도록 40초를 더 끓였다. 김치가 너무 익어 아삭한 맛이 사라지면 곤란하므로, 그런 다음 4조각 낸 라면을 냄비에 넣고 젓가락으로 저으면서 골고루 익혔다. 면발이 공기에 닿아 쫄깃함이 살아날 수 있도록 간간이 끓는 물 밖으로 들어올려주면서 면이 익는 정도를 관찰했다.

아직 달걀과 건더기수프를 넣기 전이었으므로 그런 사정을 감안하여 면이 완전히 익기 전에 약한 불로 낮추고 나머지 재료를 넣은 다음, 다시 강한 불로 5초 정도를 더 끓이면서 젓가락으로 휘휘 저어 달걀을 풀어주고 불을 껐다.

김이 모락모락 올라오는 냄비를 식탁 위에 올리고 젓가락을 바로 가져가던 태울은 왠지 그 모습이 스스로 누추하게 느껴져 앞접시를 하나 꺼내왔다. 4인용 식탁 위에 놓인 냄비 하나와 접시 하나를 보고 있자니, 집을 비우고 전화도 받지 않는 아내에 대해 갑자기 화가 치밀었다. 다시 한 번 전화를 걸어보았다. 연결이 되었는데 시끌벅적한 소음이 전화기 너머에서 들려왔다.

"웬일이래? 당신 당연히 늦는 줄 알고, 나 놀러 나왔는데."

"알았어. 나 저녁 먹고 왔어. 놀다 와."

태울은 전화를 끊고 라면을 먹기 시작했다. 부드러운 달걀 국물이 입안 가득 향기로웠고, 뜨거운 라면의 쫄깃함과 아삭하게 씹히는 김치의 식감이 어우러져 행복함이 밀려왔다. 태울은 고독한데 행복하다는 이율배반이 신기했다.

09

각성
다시 만난 꿈속의 여인

"아직 길을 찾지 못하여 헤매고 있는 게냐?"

몸과 마음이 지쳐 잠이 든 태울은 다시 꿈속에서 그녀를 만났다.

"지금 너의 소원은 무엇이냐?"

여인이 물었다.

"직장을 구해 경제적인 안정을 찾고, 잃어버린 가장으로서의 권위와 존경을 되찾고 싶습니다."

"그럼, 직장을 찾으면 되지, 무엇이 문제인 게냐?"

"그게 말처럼 쉽지 않습니다. 기회 자체가 별로 없거니와 가끔 입사 제안을 받아도 제 마음에 꼭 들지 않습니다."

태울은 대답하면서도 스스로 왠지 궁색함을 느꼈다.

"네가 아직 배가 덜 고픈 게로구나. 너는 아직 길을 찾지 못하였지만, 그대로 견딜 만한 것이야."

"그렇지 않습니다. 아침에 일어나서 양치를 할 때도, 도서관에 가는 버스 안에서도, 책을 읽는 도중에도 제 머릿속에는 온통 직장을 구해야겠다는 생각으로 가득합니다."

"그래?, 그 생각이라는 걸 어떻게 하는 게냐?

"네? 생각을 어떻게 하는 거냐고요? 그게 무슨 말씀이신지요?"

"네가 생각한다는 것과 그 생각이 일어나는 과정을 소상히 되짚어 말해보아라."

태울은 여인의 질문이 이해되지 않았다. 우물쭈물하며 대답을 못하자 여인이 다시 물었다.

"자, 아침에 일어나 양치를 한다. 그때 무슨 생각을 하느냐?"

"여러 가지 걱정으로 몸과 마음이 피곤하지만, 새로운 아침을 활기차게 시작하자는 마음을 갖습니다. 거울을 보며 '오늘은 좋은 일이 생길 거야'라고 생각합니다."

"그러하냐? 그렇다면 버스를 타고 도서관에 가는 중에는 어떤 생각을 하느냐?"

"직장에 다닐 때 경험했던 좋았던 일과 힘들었던 여러 가지 일이 자꾸 떠오릅니다. 그 경험들을 교훈 삼아 앞으로 다른 직장에 다니게 된다면 더 나은 모습으로 살아가야지 하고 생각합니다."

여인이 계속 물었.

"책을 읽는 중에도 상념에 빠진다고 했는데, 그것은 어떤 것이더냐?"

"새로운 직장에 다니는 것을 상상하며 이러저러하게 행동하면서 주변 사람들과 잘 지내고 회사에 기여하면서 인정받을 수 있도록 열심히 일해야지 하고 생각합니다."

여인이 심각한 표정으로 팔짱을 끼며 말했다.

"오, 너는 정말로 걱정도 많고 생각도 많구나. 그렇게 새로운 직장을 구하고 싶었다면서, 지금까지 어떤 행동을 했느냐?"

"그러니까…… 헤드헌터에게 이력서도 보내고, 시간 될 때마다 구인구직 포털 사이트를 검색하면서 구직활동을 열심히 하고 있습니다."

"오호~ 전혀 행동을 하지 않은 것은 아니다만, 그것이 네가 할 수 있는 최선이었더냐? 그 정도 행동한 것으로 그나마 무엇인가를 하고 있다고 생색이나 낼 셈은 아니었더냐? 대체 누구에게 보여줄 생색이더냐?"

태울은 갑자기 뒤통수를 얻어맞은 것 같은 충격을 받고 정신이 번쩍 들며 잠에서 깼다.

10
시크릿 꿈꾸기의 허상

잠에서 깬 태울은 옥상에 올라가 북한산을 바라보며 찬바람을 맞았다.

어린 시절부터 자신은 운이 좋다고 생각했다. 예전에 한창 읽었던 여러 자기계발서는 공통적으로 긍정적인 마인드의 중요성을 설파하고 있었다. 심지어 어떤 책에서는 생각만으로도 원하는 모든 것을 얻을 수 있고, 이룰 수 있다고 했다.

지나온 인생에서 무언가에 실패한 적이 없지는 않았지만, 대체로 무난하게 원하는 것을 이루어 왔고, 이루지 못한 것은 자신이 진정으로 원하지 않았기 때문이라고 생각했다. 호기심 많던 그 시절에 '나는 누구인가?'라는 질문에 대한 답을 찾으면서 시작된 독서의 여정에서 태울이 깨달은 인생의 비밀이 있었으니, 그것은 마음의 힘이었다. 생각과 현실이 다르지 않다는 믿음.

따라서 태울이 스스로 운이 좋다고 생각하는 것은 어쩌면 의도적인 믿음일지도 모를 일이었다.

좋지 않은 상황이 닥쳐와도 잠시 호흡을 가다듬으며, 자신은 건강하고 행복하고 무엇이든 할 수 있다고 믿었다. 이미 성공했다고 믿었다. 마음이라는 자신만의 우주 안에서 상상만 하면 만물을 창조하며 무엇이든 뜻대로 할 수 있었다. 그러면 자연스레 감사한 마음이 우러나왔고, 그런 태울의 겉모습이 대체로 다른 사람에게는 자신감 있고 쾌활한 모습으로 보였다. 그런 것이 대인관계와 사회생활에 도움이 되는 경우가 많았던 것 또한 사실이었다.

태울은 담배에 불을 붙였다. 연기와 함께 꿈속 여인의 '최선'과 '생색'이라는 질문이 종소리처럼 머릿속에 메아리쳤다.

'내 안의 우주에서 나는 신과 같은 존재인데, 그 한계는 결국 내 마음일 뿐이지. 세상 일이 다 내 상상대로 되지는 않아. 이 세상은 각각의 다른 사람들이 나름대로 사는 곳이고, 또 각자는 자신만의 우주를 가지고 있잖아.'

태울은 연거푸 두 번째 담배에 불을 붙였다.

'내가 원하는 것은 다시 예전처럼 일을 하는 것이라고 생각했는데, 그것을 막고 있는 것이 결국은 내 마음이었던가? 이미 취업을 했다고 상상하고 감사하는 마음으로 우주가 그렇게 움직이길 기대했지만, 세상은 변하지 않고 내 마음은 혼자 백일몽을 꾸고 있었던 것뿐인가? 난 그저

스스로를 속이며 자기만족에 취해 있었던 것이었나?'

태울은 생각만으로 이룰 수 있는 건 스스로의 마음이 한계라는 점을 깨달았다. 무언가 명료해진 느낌이었다. 뜨거운 물로 샤워를 하고 집을 나섰다.

창업과 세금 이야기: 개인사업자편
태울 1인 기업가 되다

2부

인생 역정(歷程)

가장 위대한 영광은 한 번도 실패하지 않음이 아니라
실패할 때마다 다시 일어서는 데 있다.
(我们最骄傲的并不是永远不跌倒，而是能够从每次失败中重新站起来)

- 공자 -

11

목표
그곳에 닿는
여러 갈래 길

불타는 듯 오색 빛이 찬란한 단풍으로 물든 북한산을 오르며 태울은 턱까지 차오른 숨을 몰아쉬었다. 구기터널 근처에 있는 비봉탐방지원센터를 지나 비봉으로 오르는 길은 1.6킬로미터의 짧은 코스지만, 길이 좁고 가파른 데다 바위를 타야 하는 구간이 많아 위험했다.

평소 산을 싫어하는 태울이 이날 산에 오른 건 매우 이례적인 일이었다. 평일 오전이라 번잡하지 않을 것으로 예상했지만, 생각과 달리 산길은 사람들로 북적거렸다. 비봉 정상에 올라 눈을 돌리자 수없이 많은 산등성이가 겹겹이 펼쳐진 모습이 눈에 들어왔다. 산꼭대기에서 바라보는 시가지는 성냥갑을 뿌려 놓은 듯 오밀조밀했다. 그 속에서 1,000만 명이 넘는 서울 인구가 아옹다옹 살아가고 있고, 자신은 그중 하나일 뿐이라는 데 생각이 미치자 태울은 헛헛함에 현기증이 났다.

'그깟 자존심이 뭐라고 지난 반년 동안 실직 사실을 사람들에게 쉬쉬해 왔단 말인가? 아니, 그래서 지켜질 자존심이란 말인가? 오히려 지금 아무런 일도 하지 못하고 있는 이 상황이 더 자존심 상할 일이지.'

태울은 자신이 진정으로 원하는 것이 무엇인지 다시 생각해봤다.

'반드시 어딘가 직장에 들어가야만 하는 것일까? 그동안 직장에서 해왔던 일이 나는 즐거웠던가? 또 다시 어떤 직장에 들어가서 그 일을 계속한다면 앞으로도 즐거울 수 있을까?'

태울은 지난 직장생활의 경험들을 찬찬히 되짚어봤다. 회사에서의 일이란 대개 몇 가지의 핵심 업무가 있고 그에 따른 보조적인 업무도 있지만, 본인의 업무와 직접적인 관계가 없는 덜 중요한 일도 있다.

그 모든 일을 좋아서 하는 사람이 어디 있을까마는, 그래도 자신의 적성에 맞고 가치 있는 일을 한다는 느낌은 직업적 만족과 행복에 매우 중요한 이유가 된다. 또한 일을 좋아서만 하는 것도 아니고, 할 수 있어서만 하는 것도 아니다. 좋아하는 일이지만 서툴 수 있고, 잘할 수 있는 일이지만 더 이상의 열정이 없을 수도 있다.

태울은 자신의 과거를 돌아보며 주기적으로 반복되는 업무에는 차츰 흥미를 잃어갔지만, 사람들에게 뭔가 도움을 주는 일을 할 때는 즐거웠던 경험을 기억해냈다.

산의 정상에 오르는 길은 여러 갈래가 있다. 길마다 굽이며 경사가 다르고, 발을 딛는 느낌과 주변 경치 또한 같을 수가 없다. 태울은 꿈에서 만난 여인의 질문으로 촉발된 자문자답을 거듭하며 점차 새로운 길이 드러나는 것을 느꼈다.

'그래, 바로 그거야! 직장생활을 통해 얻은 그동안의 지식과 경험을 후배들에게 가르쳐주면서 그들이 성장하는 모습을 지켜볼 수 있다면 가치 있는 일일 테고, 나 또한 즐겁고 보람된 일이 되겠는데……'

태울은 '컨설팅'이라는 단어를 되뇌며 산을 내려왔다.

12
한 걸음
새로운 여정을
시작하는

이후 태울은 컨설팅과 창업에 대한 책을 닥치는 대로 읽는 한편 주변 사람들에게 적극적으로 도움을 요청하기 시작했다. 실직한 이후 피해왔던 동창회나 동호회 등의 모임에 다시 나가기 시작했고, SNS를 통해 알게 된 사람들과도 온·오프 모임에서 적극적으로 대화에 나섰다.

그러던 어느 날, 고등학교 후배로부터 전화를 한 통 받았다. 서너 살 차이가 나는 후배였는데, 회사 운영 문제로 고민이 있어 조언을 좀 받고자 하니 편하게 소주나 한 잔 하자는 것이었다.

"선배님, 여전히 건강한 모습이시네요. 반갑습니다."
"오, 그래. 너도 건강하지? 예전보다 살이 좀 붙어 보기 좋네. 사장님 느낌 난다."

악수를 나누고 자리에 앉자마자 후배는 자신의 얘기를 쏟아놓았다. 무역업을 시작한 지 몇 년 되었는데 다행스럽게도 꾸준히 성장할 수 있어서 현재는 직원 20여 명 규모의 중소기업이 되었다고 한다. 그런데 성장 단계별로 그때그때 필요한 사람을 뽑아 쓰다 보니, 인원 규모에 비해 조직적인 짜임새가 없는 느낌이 든다는 것이다. 한 번 뽑은 직원을 해고하는 것은 쉽지 않으므로 가능하면 인원 정리 없이 효율적인 조직으로 만들고 싶은데 어디서부터 손을 대야 좋을지 잘 모르겠다는 것이다.

"그렇다고 대기업처럼 유명 컨설팅 회사에 큰돈 쓸 형편은 아니에요. 선배님께서는 좋은 회사를 여러 군데 다녀서 다양한 경험을 갖고 계시니 이런 경우에 대한 조언의 말씀을 좀 부탁드릴까 하구요."

"음, 전체적인 내용은 이해가 되네. 구체적으로 어떤 상황을 개선하고 싶은 건지 좀 말해봐."

후배의 빈 소주잔을 채워주며 태울은 좀 더 구체적인 상황에 대해 이것저것 상세히 물었다.

"예를 들면, 매달 말일은 마감 문제로 대부분의 직원들이 바쁘죠. 회사 일이란 게 여러 사람이 협업하는 거고, 업무흐름상 이쪽에서 일을 마무리하고 다음 사람에게 넘겨주면 그 사람이 일을 받아 진행하고, 또 다음 사람에게 넘겨주고 하는 식으로 진행되잖아요. 그런데 경영지원팀 직원들이 매번 밤늦게까지 야근을 하는 거예요. 처음에는 그렇게 열심히 일하는 모습이 사장인 제 입장에서 보기에는 뿌듯하고 좋기도 하더라고요. 그런데 늦게까지 야근을 한 다음 날은 제시간에 출근하기 힘들어하는 거예요. 뭐, 사람이니까 당연하죠. 그런 날은 저도 출근시간에 여유를 줍니다. 그런데 그런 날 오전에 다른 부서 직원들이 경영지원팀을 찾아가면 사람이 없으니까 일 처리가 안 되고 그래서 직원들 사이에 불만이 생기고……."

"그런 상황을 개선해보자고 경영지원팀장과 대화는 해봤어?"

"당연하죠. 일이 많아 사람을 더 뽑아야 하는 거냐고 물었더니, 그 정도는 아니라고 하더군요. 경영지원팀이 하는 일은 대부분 업무 프로세스상 제일 마지막에 있고, 일이 많을 때 한꺼번에 몰려서 그런 거지 항상 일이 많은 것은 아니라고요. 회사 자금이 그리 넉넉한 편도 아닌데 인건비로 많이 지출할 수 없다며 경영지원팀장다운 소리를 하는데 고맙기도 하고 미안하기도 하더라고요. 그 친구 일하는 게 좀 억척스러운 구석이 있거든요. 부하직원들 다 퇴근시키고 혼자 밤늦게까지 일하는 경우도 많아요."

"그건 또 왜? 같은 팀인데 일을 다 같이 마무리하고 함께 퇴근할 수 있지 않나?"

"그게……. 담당 직원이 자료 만들어 결재 올리면 그때부터 팀장의 일이 시작되는 거죠. 다음 날 아침에 직원에게 피드백을 해주거나 그 일을 마무리하려면 그날 밤에 확인하거나 처리해야 할 부분이 있으니까요."

"아~ 결재만 하는 팀장이 아니라 실제 업무도 하는 실무형 팀장이구나. 경영지원팀 직원은 몇 명이야?"

"회계세무 담당 1명, 인사총무 담당 1명, 그리고 팀장까지 총 3명이에요."

"그 정도면 단출한 편이네. 그래도 얘기를 들어보니 개선할 여지는 있을 듯하다. 일반적으로 기업활동에서 혁신을 이루고자 한다면 두 가지 측면을 고려해야 해. 첫째는 사람이지. 적재적소에 사람을 쓰는 문제이기도 하고, 또 각 개인의 역량이나 업무 스킬 문제가 되겠지. 그리고 두 번째는 업무 프로세스야. 불필요한 프로세스를 제거하고, 불편한 프로세스를 개선하고, 병목구간이 있다면 원인을 찾아 해결하면 돼."

태울은 후배의 회사에 도움이 될 수 있겠다는 생각에 열정이 피어오르는 것을 느끼며 말했다.

"괜찮다면 너희 회사를 한 번 방문해서 직원들과 대화를 나눠봐도 될까?"

약속한 날 아침, 태울은 양복을 꺼내 입고 약간은 긴장되고 들뜬 마음으로 후배의 회사로 찾아갔다. 경영지원팀을 시작으로 업무 흐름을 거슬러 올라가며 관련부서 직원들과 면담을 진행하면서 현황을 진단하고 개선사항을 몇 가지 발견할 수 있었다. 조사를 마친 태울은 사장실에서 후배와 함께 차를 마시면서 말했다.

"직원들이 모두 성실하고 맡은 업무에 책임감이 있더라."

"하하, 그렇게 느끼셨다니 다행이고 감사한 일입니다."

"각각의 직원들에게 큰 문제는 없어 보여. 다만 자기 일에만 집중하느라 다른 부서와의 관계에는 미처 신경을 못 쓰는 거지."

"그게 무슨 말씀인가요?"

"지금 하고 있는 일들을 살펴보니 무역부에서 한 달 동안 수입한 물품 리스트와 가격정보를 정리해서 영업부에 넘기면, 영업부에서는 거래처별로 판매한 물품의 수입가격을 통관날짜의 환율에 따라 원화 금액으로 바꾸고, 여기에 물류부서에서 받은 자료를 토대로 실제 지출한 물류비에 영업 마진을 더한 금액을 정리해 경영지원팀으로 넘기고 있어. 그러면 경영지원팀에서 최종 점검하고 월합산매출세금계산서를 거래처에 발행하는 거지."

태울은 차분히 말을 이어갔다.

"게다가 영업부에서는 한 달 동안의 매출품목과 가격을 일자별로 정리한 표를 거래처에 보내주고 컨폼을 받은 이후에야 그 자료를 경영지원팀에 넘겨주고 있어. 그게 또 시간을 꽤나 잡아먹는 프로세스겠더군. 직원들이 각자 자신이 맡은 업무를 실수 없이 잘해야지 하는 생각으로 시간을 너무 들이고 있다는 느낌이 들어."

"네, 그게 거래처의 요구사항이거든요. 청구서의 품목별 가격을 각각의 수입통관 가격에 연동시키는 것과, 한 달 동안의 거래내용을 월말에 합산하여 한 번만 세금계산서를 발행해달라는 거요. 그래서 그 부분은 저희도 어쩔 수가 없어요."

"뭐 그렇겠지. 고객은 왕이니까. 그렇지만 매월 마지막 날에 일이 몰리면서 그 업무의 마지막 단계를 수행하는 직원들은 야근을 감수해야 한다는 게 문제란 말이지."

"네, 그래서 뭔가 개선할 방법이 있을까요?"

"내가 생각할 때는 세 가지 방법으로 개선해보면 좋겠어. 첫째로 일의 복잡성을 원천적으로 줄이는 거지. 거래처별로 그 요구사항을 다 들어주다 보면 일이 한없이 복잡해지잖아. 그러니까 심플한 가격구조를 만들어 거래처와 계약을 갱신해봐. 고객 입장에서도 매월 말에 컨폼하는 과정이 귀찮을 수 있을 테니, 지금까지와 크게 차이 나지 않는 합리적인 가격정책을 세우고 거래처를 잘 설득하면 가능하지 않을까?"

"그건 이미 시도해봤어요. 그런데 설득이 안 되더라고요. 저희가 계약관계상 '을'의 입장이라 이러니저러니 목소리를 내기 힘든 상황이에요."

"그렇군. 그렇다면 두 번째 방법으로, 그 일을 월말에 몰아서 하지 말고 분산해서 처리하자는 거야. 모든 거래처가 매월 마지막 날까지 구매를 하는 건 아닐 테니, 월 마감 하루나 이틀 전에 거래처와의 한 달간 거래내역을 정리해 미리 거래처의 컨폼까지 받아두는 거지. 그리고 마지막 날 즈음에 거래가 추가로 생기면 그 거래처만 한 번 더 확인하면 되지 않겠어?"

"네, 그건 해볼 수 있는 좋은 방법인 것 같습니다."

후배의 눈이 반짝거리는 것을 느끼며 태울은 마지막 방법에 대해서도 설명해주었다.

"부서별로 업무에 사용하는 파일이 제각각이더라. 내부적으로 사용하는 파일 따로 있고, 유관부서에 전달하는 파일이 따로 있는 거지. 그건 자신의 부서에서 사용하는 자료양식과 유관부서에서 요구하는 자료양식이 다르기 때문인데, 이걸 전체적으로 모아서 하나의 파일로 통합하면 좋겠어. 그렇게 되면 상호간에 자료를 크로스 체크하기도 쉽고, 서로 자료를 주고받는 시간도 훨씬 절약할 수 있을 거야. 내가 그래도 엑셀은 한가락 하니, 부서별로 사용하고 있는 양식 파일을 모아 이메일로 보내주면, 내가 정리해서 만들어볼게."

"엑셀 파일 만드는 것쯤이야 저희 직원들 시키면 되지 않을까요? 다들 엑셀은 잘 하던데요."

"하하, 그게 쉽지는 않을 거야. 각자가 지금 하고 있는 일이 바쁜데다가, 엑셀 기능을 충분히 알고 있다 하더라도 내 부서 일도 아닌 다른 부서의 일까지 통시적인 관점에서 정리해야 하는데, 그게 말처럼 쉽지는 않지."

집으로 돌아온 태울은 후배가 이메일로 보내준 파일들을 전체적으로 펼쳐보며 유관성을 파악하고 나서, 개별적으로 각 부서가 사용하는 양식을 최대한 반영하는 한편, 유관부서로부터 요구되는 내용으로 확장된 형태의 시트를 한 장씩 만들었다. 그리고 시트별로 자료를 참조시키고, 함수기능을 사용해 자동으로 계산되도록 표를 구성하고, 피봇 기능을 활용해 깔끔하게 정리된 리포트까지 볼 수 있도록 파일을 구성했다.

다음 날 후배의 회사에 다시 찾아간 태울은 회의실에 모인 부서별 담당자들과 후배를 위해 새로 만든 엑셀 파일의 사용법을 알려주었다.

"첫 번째 시트는 무역부에서 사용합니다. 현재 사용하고 있는 것과 별 차이가 없죠. 예전처럼 사용하시면 되겠습니다. 두 번째 시트는 영업부에서 사용합니다. 이때 물류비는 물류부에서 작성할 세 번째 시트에서 자동으로 끌어오게 되어 있습니다."

설명이 진행되는 도중에 참석자들의 입에서는 가벼운 탄성이 흘러나왔고, 설명을 끝내고 질문에 대한 답까지 모두 마치자 누가 먼저랄 것도 없이 박수가 터져 나왔다.

"지금까지 그 일로 반나절 정도 시간이 걸렸는데, 앞으로는 15분이면 되겠는데요."

영업부 담당자가 한 마디 하자, 옆에서 되받아 말했다.

"너 그러다가 회사 잘릴 수도 있겠다."

"김 대리가 잘리건 말건 저는 이제부터 월말에도 저녁이 있는 삶을 살 수 있겠네요. 고맙습니다."

모두들 왁자하게 웃으며 태울의 노력에 감사를 표했다.

13
뜻밖의 소득
기타소득이 뭐야?

일주일쯤 후에 후배로부터 연락이 왔다.

"선배님께서 제안해주신 방법으로 엊그제 월마감을 해봤는데요, 직원들이 아주 좋아합니다. 당장에 업무효율이 좋아졌다고 하네요. 감사합니다."

"금방 효과를 봤다니 다행이네. 하하."

"그런데 선배님, 계좌번호랑 주민등록번호, 주소도 좀 알려주세요."

"어, 그게 왜 필요한데?"

"저는 선배님께 도움 좀 받고 저녁 한 번 거하게 쏘면 되겠지 하고 간단하게 생각했는데, 저희 경영지원팀장이 그건 그거고 사례는 별도로 해야 되지 않겠느냐고 하네요. 많이는 못 드려요. 그냥 감사의 표시 정도로 생각해주세요. 하하."

다음 날 태울은 통장에 956,000원이 찍혀 있는 것을 보고 약간 의아한 생각이 들어 후배에게 전화를 걸었다.

"통장에 돈 들어왔더라. 고맙다, 밥은 내가 사마. 그런데 금액이 왜 그런 거야? 100만원 가까운 금액이던데, 정확히 100은 아니더라……"

"아, 그거요. 세금 떼고 드려서 그렇죠. 100만 원인데 기타소득이라 4.4% 떼고 드린 거예요."

"세금? 기타소득?"

"네, 저도 자세히는 모르지만, 경영지원팀에서 이런 경우에는 기타소득으로 보고 4.4%의 세금을 원천징수하고 드리는 거라고 하네요. 그래야 저희 회사에서도 비용처리를 할 수 있고."

"그래, 어쨌든 고마워. 뭐 또 도와줄 일이 생기거든 언제든 연락해라."

"네, 그래서 말인데요, 회사 운영하고 있는 형님 한 분 소개해드리려고요. 그 회사도 선배님께서 도와주실 수 있는 일이 좀 있을 것 같아서요. 다음 주에 같이 식사 한번 해요."

태울은 전화를 끊고 인터넷 검색을 통해 세금에 대해 이것저것을 살펴보며, '수입'과 '소득'이 비슷한 말 같았는데 세금 관계에 있어서는 확실히 구분된다는 것을 알게 되었다. '소득'은 세금 계산의 기준이 되는 것으로, '수입'에서 '비용'을 뺀 나머지 금액이 '소득'이라는 것이다.

즉 소득 = 수입 - 비용인 셈이다.

참조 ▶ http://blog.naver.com/ryuoryu/220795674746

> **사업소득 :**
> 개인이 독립적인 지위에서 영리를 목적으로 '계속적' '반복적'으로 행하는 활동을 통해 발생하는 소득.
> (원천징수세율: 3.3%)
>
> **기타소득 :**
> '일시적' '우발적'인 소득으로, 소득세법에 따르면 다음 7가지 소득 외의 소득을 기타소득으로 한다. (이자소득, 배당소득, 사업소득, 근로소득, 연금소득, 퇴직소득, 양도소득)
> ※ 소득세법 제21조에서 기타소득의 항목을 열거 규정하고 있다.
> (원천징수세율: 4.4%)
> 예) 원고료, 저작권사용료인 인세 등과 고용관계 없이 다수인에게 강연을 하고 받는 강연료 등.

참조 ▶ http://blog.naver.com/ryuoryu/220830319929

그리고 기타소득이란 무엇인지, 그리고 세율은 얼마인지 등도 알아봤다.

일시적으로 제공하는 인적용역의 기타소득은 실제 경비지출 내역이 없어도 수입의 80%를 필요경비(=비용)로 인정하니 수입이 100만 원일 때 비용으로 80만 원(100만 원 × 80%)을 처리할 수 있고, 그래서 소득은 나머지 20만 원이라는 것이었다. 그리고 이 소득 20만 원에 소득세 20%가 붙고, 이 소득세 금액의 10%가 지방소득세라는 것이다. 뭔가 복잡하고 이해가 잘 안 됐다. 필요경비가 뭔지, 기타소득세율은 20%인데 후배가 말한 4.4%는 또 뭔지.

그리고 이런저런 검색을 하던 중에 기타소득 금액이 건당 5만 원(수입액으로 환산하면 25만 원) 이하인 경우 '과세최저한'이라고 해서 원천징수를 하지 않는다는 내용도 알게 되었다.

'가만, 이번 건은 일주일 정도 일하고 100만 원을 받은 거니까, 하루로 치면 25만 원 이하가 되잖아. 그럼 '과세최저한'에 해당되는 거 아닐까? 그렇다면 세금을 안 떼고 25만 원씩 4번 해서 100만 원을 다 받을 수 있는 거 아닌가?'

태울은 처음 경험하는 세금 문제에 궁금한 점이 생기자 공인회계사로 일하고 있는 친구 박세무에게 전화를 걸었다.

태울의 질문에 박 회계사가 답했다.

"수입액 25만 원까지는 '과세최저한'으로 원천징수를 하지 않는 건 맞지. 근데 돈을 나누어 받지 않고 한 번에 받았잖아. 그러니까 지금 건별로 판단했을 때 한 건에 100만 원이 되는 거야. 만일 여러 건으로 나누어 지급했고, 그게 과세최저한에 해당한다면 원천징수를 하진 않겠지만, 결국 종합소득세를 신고하게 되면 모두 합산하니까 크게 개의치 마라."

"아, 그렇군."

"그리고 기타소득원천징수세율이 4.4%라는 것은 지급총액 대비 원천징수세율을 말하는 것이고, 필요경비를 제외한 기타소득금액을 기준으로 할 경우에는 22%가 원천징수세율인 거지. 필요경비를 공제하기 전과 후의 금액에 따라 원천징수세율이 달리 보이지만 결국 같은 말이야. 지급총액이 100만 원일 때 필요경비(80%) 80만 원을 제하면 소득금액이 20만 원이고, 여기에 소득세 원천징수세율 20%를 계산하면 4만 원이고, 여기에 다시 지방소득세 10%로 4,000원을 원천징수하게 되면 총 44,000원이잖아. 이게 지급총액을 기준으로 하면 4.4%라는 얘기지."

태울은 수첩에 다음과 같이 메모를 남겼다.

태울의 세무노트 - 01

- 소득 = 수입 - 비용(혹은 필요경비)
- 소득세법에서는 소득을 이자소득, 배당소득, 사업소득, 근로소득, 연금소득, 퇴직소득, 양도소득, 기타소득 등으로 분류한다.
- 기타소득의 경우 수입의 80%를 필요경비로 인정해준다.
- 기타소득의 원천징수세율은 20%
- 지방소득세의 원천징수세율은 소득세의 10%
- 즉, 수입액 기준 4.4%를 원천징수한다.

  ▶ 일반적인 세금계산 방법 : 소득 × 소득세율
  ▶ 기타소득세 계산식 : {수입-비용(수입액×80%)} × 20%
  ▶ 사례 : {1,000,000 - (1,000,000×80%)} × 20% = 40,000
  여기에 10%의 지방소득세 4,000원이 붙어 총 원천징수당한 세금은 44,000원. 즉, 1,000,000원의 4.4%

과세최저한 :
기타소득 금액 건당 5만 원(수입액으로 환산하면 25만 원) 이하인 경우 원천징수를 하지 않는다.

14 이어지는 행운 사업소득

후배가 소개해준 사람은 컴퓨터 프로그램 개발자 출신으로 20여 년의 직장생활을 한 뒤 IT회사를 창업하여, 3년 만에 연 매출 20억 규모의 회사로 키워낸 인물이었다. 며칠 후 역삼동에 위치한 회사를 찾아간 태울은 사장실에서 김 대표와 마주 앉았다. 김 대표는 호들갑스럽게 태울을 맞이하며 자리를 권했다.

"말씀 많이 들었어요. 경험도 많으시고 능력이 좋으시다고?"

'첫 대면에 말끝이 좀 애매하네' 하고 생각했지만 태울은 활기차게 말을 받았다.

"하하, 그 친구가 선배 좀 도와주겠다는 생각으로 이야기를 과장하지는 않았을까 염려되네요. 그런데 무슨 어려운 점이라도 있으신가요?"

김 대표는 커피잔을 내려놓으며 반은 자기 자랑을 섞었지만 어쨌든 저간의 회사 사정과 자신의 고민에 대한 이야기를 풀어놓기 시작했다.

창업 초기에는 소수의 인원으로 제품 기획부터 개발, 마케팅, 영업 등이 매우 빠른 속도로 진행되었는데, 조직이 커지면서 그렇지 못하다는 것이었다. 새로 입사한 직원들의 능력도 썩 좋은 것 같지 않고, 기존 직원들에게서는 예전과 같은 창의적이고 도전적인 자세를 더 이상 찾아볼 수 없다고 했다. 김 대표가 언성을 높이며 말했다.

"솔직히 이런 작은 회사에서 A급 인재를 영입하기는 쉽지 않죠. 회사 이름이 알려져 있지 않다 보니 지원하는 인재가 없기도 하구요. 어떤 책에 보니, 팀장이 직원을 채용할 때 본인이 A급 인재라면 A급 인재를 채용할 수 있지만, B급 인재는 C급 인재를 채용하고, C급 인재는 D급 인재를 채용하는 식이어서, 결국 전체 조직의 능력이 저하될 수밖에 없다는 내용이 있더군요. 우리 회사가 딱 그 짝이 난 것 같아요. 능력도 안 되는 것들이 열심히 하지도 않는단 말이죠."

김 대표는 못마땅한 듯 혀를 찼고, 태울은 적당히 맞장구도 치고 메모도 하면서 경청했다.

"네, 직원을 뽑을 때 편하게 다룰 수 있는 사람, 상사의 지위나 기득권을 해치지 않고 지시를 잘 따를 사람만을 뽑다 보면 당연히 그런 식으로 흘러갈 수밖에 없습니다."

김 대표는 한참 동안 여러 가지 얘기 끝에 한숨을 내쉬면서 말했다.

"MBA 과정이나 그 뭐냐 여기저기 책에서 읽은 성공적인 경영사례나 조직혁신의 방법 같은 거, 좋다고 하는 경영체제를 도입하기 위해 노력해봤지만 기대만큼 성과는 없었던 것 같아요."

"원인을 발견하면 어떤 문제라도 해결할 수 있다고 생각합니다. 대표님이 참석하는 미팅에 제가 몇 차례 옵서버로 참석해 진행과정을 관찰할 수 있도록 해주시겠습니까? 그리고 팀별로 한두 명씩 인터뷰를 할 수 있다면 좋겠습니다."

김 대표는 흔쾌히 그러자고 하며 일주일간의 회의 일정을 알려주었다. 태울은 각 회의의 목적과 참석 예정자를 확인하고, 그중 두 가지 미팅에 옵서버로 참석하기로 했다. 그런 한편, 팀별로 팀장과 실무자 중 한 명씩을 인터뷰하기로 했다.

태울은 이후 며칠 동안 현장 관찰과 관련자 인터뷰를 마치고, 그간의 조직진단 결과를 설명하기 위해 사장실에서 김 대표를 다시 만났다. 김 대표는 앞쪽으로 몸을 잔뜩 기울이며 궁금한 표정으로 물었다.

"조사 결과가 뭐 좀 나왔어요?"

"짧은 시간이라 전부를 파악했다고 할 수는 없겠지만 몇 가지 의미 있는 사실을 발견한 게 있어 설명 드리려고 합니다. 대표님 마음에는 좀 거슬리는 점도 있겠습니다만, 제3자 입장에서 객관적으로 바라본 내용이니 신중하게 검토해주시면 좋겠습니다."

태울은 김 대표의 안색을 살펴가며 차분하게 설명했다. 김 대표의 소통방식에 문제가 있다는 점, 업무지시가 일방적이라는 점, 관련자들이 모여 회의를 하지만 결론은 대표가 제시하는 곳으로 가게 된다는 점, 그 과정에 누구도 반론을 제기하지 않는다는 점, 대표가 가볍게 검토해보라며 툭 던지는 아이디어 하나도 결국 실무자 입장에서는 업무가 된다는 점, 그것은 '사장님 지시사항'이라는 꼬리표가 붙어 직원의 다른 어면 업무보다 우선해서 처리해야 할 일이 되기 때문에 결국 대표가 직원들의 일상적인 업무를 방해하고 있다는 점, 그런 상황에서는 직원들의 자발적인 동기부여가 어렵다는 점 등.

김 대표는 얼굴이 굳어져 따지듯이 물었다.

"내 리더십이 잘못됐다는 거요?"

태울은 온화한 표정으로 최대한 예의를 갖춰 말했다.

"리더십에 좋고 나쁜 것은 없습니다. 다만 상황에 따라 달리 적용할 필요는 있습니다. 창업 초기에 대표님의 카리스마 있고 주도적인 리더십은 회사를 이만큼 성장시킬 수 있었던 원동력이었습니다. 그런데 이제 직원도 많고 사업영역도 다양한 분야로 확대하고 있는 상황입니다. 대표님 혼자서 이 모든 사람들과 여러 개의 동시 다발적인 프로젝트를 끌고 나갈 수는 없습니다. 적절한 권한위임을 함으로써 직원들이 책임을 갖고 자발적인 동기부여를 통해 스스로 일을 해나갈 수 있도록 도와주셔야 합니다. 그 과정 속에 직원들이 열정을 갖고 성장하며 행복할 수 있고, 그런 직원이 많아야 회사도 성장하고, 대표님도 행복하게 되는 겁니다."

"허어~ 거 참, 듣고 보니 틀린 말은 아닌 것 같긴 한데……"

"직원들과 인터뷰를 해보니, 부서마다 특색 있는 현안들도 있지만 모두들 회사에 기여하고 싶은 열정이 있고 경험과 성장에 대한 욕구도 많다는 것을 느꼈습니다. 이런 직원들의 열정을 제대로 모으고 그것을 발현할 기회를 마련해주신다면 회사의 미래에 큰 자산이 될 것입니다."

태울은 청산유수로 쏟아낸 자신의 말에 '내가 평소에도 이렇게 말을 잘 했었나' 하는 생각으로 깜짝 놀랐다.

김 대표가 호탕하게 웃으며 인사부장을 호출했다.

"아, 좋아요. 그럼, 우리 인사부장하고 같이 협의해서 제대로 한번 도와주세요."

태울의 전문적인 식견에 신뢰를 갖게 된 김 대표는 태울에게 정식으로 조직혁신 컨설팅을 의뢰하기로 했다. 태울은 일주일 후까지 조직혁신 프로그램 제안서를 제출하기로 하고 사무실을 나왔다. 조직 진단과 혁신에 대한 컨설팅뿐만 아니라 교육 프로그램까지 제시해야 하고 규모 또한 커서 혼자 하기보다는 누군가 도와줄 사람을 찾아야겠다고 생각했다.

태울은 평소 가깝게 지내던 심리상담사이자 기업교육 전문가인 윤하를 종로의 커피숍에서 만났다.

윤하는 수수한 외모에 정갈한 옷차림을 하고 있었다. 핸드백은 안 들고 다녀도 포켓용 다이어리는 항상 소지하고 다닌다는 그녀는, 그날도 역시 다이어리를 펼쳐 들고 태울의 얘기를 들으며 간간이 메모를 하곤 했다.

"태울 씨, 참 다행이에요."

"네? 뭐가요?"

뜬금없는 윤하의 얘기에 태울이 되묻자 윤하가 말을 이어갔다.

"요즘 주변에 많은 사람들이 회사에서 떠밀려 나오고 있잖아요. 그분들 보면 다들 심리적으로 굉장히 힘들어하시는데, 태울 씨는 일을 찾고 활기가 넘치니 다행이라고요."

"아~ 난 또 무슨 얘기인가 했습니다. 저도 힘든 시기가 있었죠. 하지만 꿈속에서 어떤 분에게 뒤통수를 한 대 얻어맞고 나서부터 달라졌죠."

윤하가 관심을 보이며 물었다.

"무슨 꿈이었는데요?"

"그게…… 하얀 도포 같은 옷을 입은 여자분이었는데……. 저한테 생색내기만 하지 말고, 원하는 것을 진심으로 구하라고 조언을 해주셨어요."

"그분이 누구신데요?"

"그건 저도 모르겠어요."

윤하가 엷은 미소를 띠며 말했다.

"그럴 리가요, 아마 어디선가 본 사람이었을 거예요. 아무리 꿈이라고 해도 생전 처음 본 사람을 만날 수는 없잖아요. 어디 영화나 TV에서 봤거나, 아니면 소설 같은 데서 읽었을지도 모르죠. 태울 씨의 잠재의식 속에 남아있던 기억이 꿈속에서 발현된 거겠죠."

"하하, 그런 걸까요? 어쨌든 그건 그렇고……. 이번 일에 대해 어떻게 생각하세요? 윤하 씨가 좀 도와주면 좋겠는데요."

"당연하죠. 오히려 제가 더 감사해요. 요즘 같은 때에 의뢰 들어온 일을 마다할 사람이 어디 있겠어요? 호호."

윤하는 정체된 조직에 신선한 자극을 주고, 직원들의 개인적 성장과 이를 바탕으로 조직의 창의성과 열정을 고취할 수 있도록 도와주는 팀빌딩 교육 프로그램을 제안했고, 태울은 이에 동의하며 회사에 제출할 제안서의 구성에 관한 이야기를 함께 나누었다.

며칠 뒤 태울이 제출한 제안서를 검토한 인사부장으로부터 전화가 걸려왔다.

"내용은 좋습니다. 그런데 제안서 안에 가격 얘기가 없네요?"

아차 싶었지만 태울은 순발력 있게 대꾸했다.

"아, 그건 교육 프로그램의 시행 횟수와 피교육생 수에 따라 달라지기 때문에 이번에는 적을 수가 없었습니다. 이번 제안서는 전체적인 그림을 그려드린 것일 뿐이고, 금액 부분은 보다 구체적인 내용을 협의한 후 2차 제안서에 포함시키도록 하겠습니다."

태울은 윤하와 함께 10여 차례의 조직혁신 컨설팅과 팀빌딩 교육훈련을 한 달여에 걸쳐 시행하기로 회사 측과 협의하고, 그 대가로 1,000만 원의 가격을 책정했다.

며칠 뒤 인사부장은 우선 계약금으로 100만 원을 지급해주겠다고 했고, 태울의 통장에는 967,000원이 입금되었다.

'어라, 지난번 후배네 회사에서는 100만 원을 지급한다며 세금으로 44,000원을 떼고 956,000원을 줬는데, 이번에는 왜 967,000원이지?'

태울은 조금이라도 더 받은 게 좋기는 했지만 한편으로 그 이유가 궁금해서 또 다시 박 회계사에게 전화를 걸어 물어보았다.

"야, 너 이제 아주 본격적으로 컨설팅으로 나섰나 보구나? 금세 또 한 건 했네. 더구나 1,000만 원짜리 계약을, 축하한다!"

박 회계사는 태울의 이어지는 쾌거에 호들갑스런 축하를 건네며 설명을 이어갔다.

"계약금 100만 원에서 네 통장에 입금된 967,000원을 빼보면 33,000원을 뗀 거잖아. 뗀 금액이 100만 원의 3.3%네. 그럼 사업소득으로 처리했다는 거지."

"아, 그렇구나~. 사업소득의 원천징수세율이 3.3%였지?"

태울은 지난번에 인터넷으로 찾아봤던 내용이 기억났다.

"종이에 쓰면서 설명하면 이해하기가 조금은 더 쉬울 텐데 전화로 이야기하다 보니 알아듣기가 좀 어려울 수도 있겠지만, 하여튼 잘 들어봐."

박 회계사는 태울이 이해할 수 있도록 천천히 또박또박 말을 이었다.

"우리가 보통 기타소득의 원천징수세율을 간단히 4.4%라고 말하는데, 그 계산구조를 들여다보면 필요경비 80%를 제외하고 남은 20%인 소득 금액에 기타소득세율 20%를 적용해서 4%, 그러니까 '20% × 20%'로 계산된 4%의 소득세와 여기에 지방소득세율 10%를 더해 지급액 기준으로 총 4.4%의 세금이 계산되는 거야."

"응, 처음엔 뭔가 복잡하고 이해하기도 어려웠는데, 자꾸 듣다 보니 이제 좀 알겠다."

"그런데, 기타소득과 달리 사업소득에는 필요경비를 인정해주는 게 없어. 그냥 사업소득의 원천징수세율 3%와 그 계산된 사업소득세의 10%를 지방소득세로 계산하는 거야. 그럼 원천징수할 세금의 합계가 3.3%가 되는 거지."

태울은 박 회계사의 설명을 듣고 4.4%인 '기타소득의 원천징수세율'과 3.3%인 '사업소득의 원천징수세율'의 계산구조를 이해할 수 있었다. 하지만 지난번과 이번의 경우, 각각 다르게 적용된 이유를 알 수 없어서 다시 물었다.

"그런데, 지난번에는 기타소득으로 4.4%를 떼더니 이번에는 왜 사업소득이라며 3.3%를 떼는 건데? 그것도 자기들 맘대로?"

"그건 돈을 지급하는 쪽에서 그렇게 판단했다는 거지. 지난번 회사에서는 그게 너한테는 일시적 우발적인 소득, 즉 '기타소득'이라고 판단한 거고, 이번 회사에서는 네가 '영리를 목적으로 한 계속적 반복적인 소득활동'을 하는 것으로 보고 '사업소득'이라고 판단한 거야. 네 입장에서는 기타소득으로 처리되면 세금을 더 적게 내는 결과가 되겠지만."

태울은 잠시 생각하더니 말했다.

"기타소득일 때 4.4%이니 사업소득일 때의 3.3% 보다 더 높잖아. 그런데 어떻게 세금을 더 떼는 기타소득이 사업소득보다 더 유리할 수가 있지?"

"기타소득이 있다면 그게 너한테 더 좋아. 종합소득세라고 들어봤지? 대부분의 직장인은 회사에서 받는 급여 외에 다른 소득이 없으니, 1년에 한 번 연말정산을 하면 세금에 대해서는 더 이상 신경 쓸 게 없지. 하지만 넌 이제 사업소득이 생겼으니 1월 1일부터 12월 31일까지의 사업소득을 연말정산한 근로소득과 합산해 다음해 5월에 종합소득세 신고를 해야 돼."

"종합소득세? 그건 또 뭐냐?"

태울은 계속 이어지는 세금 이야기에 머리가 복잡해져 오늘은 일단 통화를 끝내고, 다음에 만나서 차분히 이야기를 들어보자고 했다.

박 회계사는 그러자고 하면서 말했다.

"그래, 다음에 얼굴 보면서 얘기하자. 본격적으로 사업을 시작했다면 세금에 대해서도 어느 정도는 알고 있어야 해. 앞으로 남고 뒤로 밑진다는 얘기도 있잖아. 남는 장사 같아도 세금 내고 나면 손해라는 뜻이지. 꼭 그렇다는 게 아니라 그만큼 세금 부담을 크게 느낀다고 생각하면 돼. 그래도 전화 끊기 전에 하던 얘기는 마무리하자."

"어, 그래. 말해라."

"종합소득세를 신고할 때 합산하지 않아도 되는 '분리과세'라는 게 있어. 몇 가지가 있는데, 기타소득이 그중 하나야. 연간 300만 원 이하의 기타소득은 분리과세로 세금납부 의무를 종결하고 종합소득으로 합산하지 않아도 된다는 거야."

"그게…… 무슨 말이냐?"

"사업소득은 무조건 종합소득으로 합산되는 소득이야. 그러니까 지금 3.3%를 원천징수당한 것으로 세금 문제가 끝나지 않는다는 뜻이라고. 1년간의 소득을 모두 합산해서 종합소득세를 계산할 때, 지금 원천징수당한 세금이 기납부세액으로 들어가는 거지. 그러니 소득구간이 높아 종합소득세가 많이 나오면 세금을 더 납부해야 할 것이고, 원천징수당한 기납부세액이 종합소득세액보다 더 많다면 환급을 받을 수도 있는 거고."

"그러니까…… 그게 무슨 뜻이냐고?"

태울이 여전히 이해를 잘 하지 못하는 것 같자 박 회계사가 답답하다는 듯 말을 이었다.

"너 직장 다니며 연말정산하던 때를 생각해봐. 소득세가 누진세율 구조였잖아. 소득에서 여러 가지 공제를 한 후 과세표준이 1,200만 원 이하면 6%의 세율이고, 과세표준이 점점 올라가면 세율도 따라서 증가하다가, 최고 1억 5,000만 원을 초과하는 과세표준에는 38%의 세율로 계산하던 거."

"그래, 그건 기억나지."

"봐, 거기서 소득세율 중 가장 낮은 것도 6%잖아. 그런데 기타소득 세율은 4.4%야. 지방소득세가 포함된 거니까, 국세인 소득세만 얘기하자면 4%인 거지. 이게 6%보다 더 적잖아. 그러니까 종합소득에 합산하지 않고 기타소득으로 분리과세하고 세금납부 의무를 종결할 수 있다면, 그게 너한테 더 이득이란 소리지. 이제 좀 이해가 되냐?"

"그러니까 사업소득은 무조건 종합소득에 합산해야 하고, 이때 최소한 6% 이상의 소득세가 계산되지만 기타소득은 분리과세하니까 종합소득에 합산하지 않아도 되고, 이때 소득세 부담은 4%로 종합소득에 합산했을 때의 최소 6%보다 더 적다는 것인가?"

태울이 이제야 제대로 이해하는 것 같아서 박 회계사는 웃음을 띠고 말했다.

"그렇지. 하나만 더 말해줄게. 분리과세할 수 있는 기타소득은 연간 300만 원까지다. '소득' 금액으로 300만 원이라고~. '수입' 금액으로 치자면 1,500만 원이야. 기타소득 구할 때 필요경비 80% 적용하는 거 알지? 수입 금액이 1,500만 원일 때 필요경비 80%인 1,200만원을 제외하니까, 소득 금액은 300만 원인 거야.

"아, 그래. 수입 기준으로 연간 1,500만 원까지는 기타소득으로 벌 수 있으면 그게 제일 좋은 방법이겠구나."

태울은 통화를 끝내고 노트를 꺼내 두 번째 메모를 남겼다.

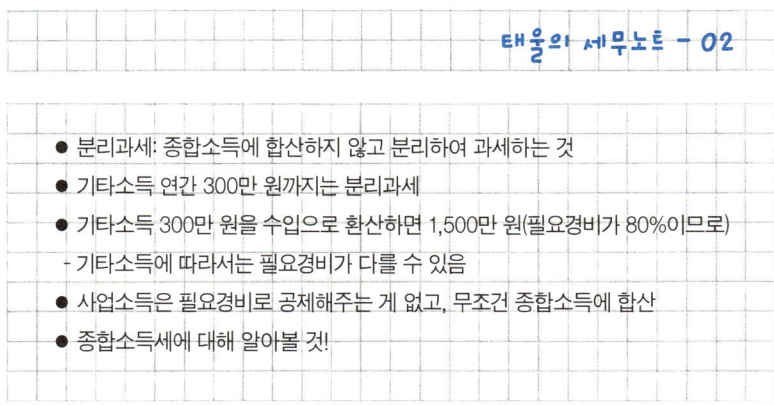

태울의 세무노트 - 02

- 분리과세: 종합소득에 합산하지 않고 분리하여 과세하는 것
- 기타소득 연간 300만 원까지는 분리과세
- 기타소득 300만 원을 수입으로 환산하면 1,500만 원(필요경비가 80%이므로)
  - 기타소득에 따라서는 필요경비가 다를 수 있음
- 사업소득은 필요경비로 공제해주는 게 없고, 무조건 종합소득에 합산
- 종합소득세에 대해 알아볼 것!

15
원천징수
당하기도 하지만
내가 해야 할 때도 있다

다음날 태울은 박 회계사의 사무실로 찾아갔다. 저녁에 술을 한 잔 하면서 얘기를 나눌까도 생각했지만, 아무래도 술자리에서는 세금에 대한 이야기를 제대로 듣고 이해하기가 어려울 것 같아서였다.

잘 왔다며 반겨주는 박 회계사에게 태울이 물었다.

"사업하려면 세금 공부도 해야 하나? 대체 무엇부터 공부해야 하는 거야? 책이라도 좀 추천해줄래?"

"뭐든지 처음 하면 잘 모르니까 답답한 구석도 있겠지. 그래도 한 1~2년 하다 보면 익숙해질 거야. 책 추천을 나한테 받는 것보다는 서점에 가서 직접 한번 둘러봐. 네 수준에 맞는 책으로 골라야 하니까. 그런데 세무사나 회계사 시험을 보려고 공부하는 사람들이나 볼 법한 학습

서는 너무 딱딱하고 어려워서 안 보는 게 나을 수도 있어. 괜히 어렵다는 편견을 갖게 될 수도 있으니까."

박 회계사는 태울에게 믹스커피를 한 잔 타주며 말을 이었다.

"우리나라 세금은 한 30가지 정도 돼. 몇 가지 분류방법이 있는데 대표적으로 과세권자가 누구냐에 따라 국세와 지방세로 분류해볼 수 있지."

"어, 그렇군. 그런데 세금이 30가지나 된다고? 뭐가 그리 많아?"

"하하, 따지고 보면 그렇다는 거지. 일반인이 그 세금들을 다 신경 쓰며 사는 경우는 별로 없을 거야. 그래도 네가 사업을 시작했으면 '소득세'와 '부가세(부가가치세)' 두 가지는 좀 알아둘 필요가 있어. 법인을 설립했다면 법인세도 공부해야겠지만, 아직 법인을 설립할 단계는 아닐 것이고."

박 회계사는 커피를 한 모금 마시고 설명을 이어갔다.

"그러니까 국세는 세무서에 신고 납부하는 거고, 지방세는 관할 시·군·구청에 신고 납부하는 거야. 예를 들어 상속·증여세는 국세이기 때문에 세무서에 신고 납부하는 거고, 자동차세는 지방세이기 때문에 구청에 신고 납부하는 거야."

"아, 그래. 자동차세도 세금인데 왜 세무서에 납부하면 안 되고 구청에 납부하라는 건지 이제 알겠군."

"에~ 또, 지난번에 네가 받은 기타소득과 사업소득에서 원천징수당한 4.4%와 3.3% 안에는 국세와 지방세가 함께 있어. 기타소득의 경우 4.4%에서 4%는 국세인 소득세고, 그 10%인 0.4%는 지방세인 지방소득세야. 또 사업소득의 경우에는 3.3% 중 3%가 국세인 소득세고, 그 10%

인 0.3%는 지방세인 지방소득세인 거지."

"그런데 돈을 주는 쪽에서 알아서 세금을 떼고 주는 거니까, 받는 사람 입장에서는 그냥 그런가 보다 하고 받으면 되잖아. 굳이 무슨 세금이 얼마나 떼인 건지 알고 있을 필요가 있나?"

"무슨 소리야? 당연히 알아야지. '아는 게 힘'이란 말도 있잖아. 사업하다 보면 세금으로 나가는 것도 무시 못해~. 미리 신경 못 쓰면 세금 내야 할 때 세금 낼 돈이 없어 낭패를 당하거나, 제때 세금을 못 내서 후에 가산세까지 내야 하는 경우도 생길 수 있어. 그리고 절세라는 것도 뭘 알아야 하는 거지."

"머리 아픈데 그냥 너한테 다 맡길 테니까 네가 알아서 해주면 안 되겠냐?"

"하하, 당연히 그래야지. 고객 한 명 생겼네~. 물론 우리 사무실에 기장대리를 맡겨주면 고맙지. 친구니까 특별히 신경 써서 잘 해줄 건데, 그래도 사업자 본인이 잘 알면 그만큼 도움이 돼. 그리고 네가 항상 돈을 받기만 하지는 않을 거 아냐? 누군가에게 일을 맡기고 돈을 주는 경우도 생길 텐데? 그럴 때는 네가 원천징수의무자가 되는 거지."

자신도 원천징수의무자가 될 수 있다는 박 회계사의 얘기에 태울은 윤하와 관련해서 갑자기 궁금한 게 떠올랐다.

"이번 프로젝트에서 교육 부분에 다른 사람의 도움을 받았어. 그 사람이 강의도 했고. 그래서 회사로부터 돈을 받으면 반씩 나누기로 했거든. 1,000만 원을 받기로 했으니 500만 원씩 나누는 거지. 그런데 이럴 때 세금 관계는 어떻게 되나?"

"허어~ 거 봐라. 벌써 돈 줄 일이 생겼구먼. 그러면, 함께 일하게 된

그분은 이걸 사업으로 하는 분인가? 아니면 일시적으로 강연 정도를 부업 삼아 하는 분인가?"

"직업상담사고 강연도 꽤 하는 걸로 알고 있는데……"

박 회계사는 다음과 같이 설명했다.

"음. 그렇다면…… 저번에 기타소득으로 처리하면 분리과세할 수 있으니 절세하는 데 도움이 된다고 말하긴 했다만, 너나 윤하 씨 두 사람 모두에게 이번 일은 일시적·우발적인 일이 아니라 계속적·반복적인 일이라고 보고 사업소득으로 처리하는 게 맞을 것 같다. 그러니 회사가 너한테 1,000만 원을 지급할 때 사업소득으로 보고 3.3%인 33만 원을 원천징수하면 네가 받는 실수령액은 967만 원이 되겠지. 그런데 만일 네가 윤하 씨에게 현금 500만 원을 원천징수하지 않고 준다면 윤하 씨는 500만 원 수입에 대해 아무런 세금을 부담하지 않고, 네가 1,000만 원 수입에 대한 세금을 다 부담하게 되는 거지."

"아, 그런 생각은 미처 못 했군. 그럼 내가 받는 실 수령액 967만 원의 절반인 483만 5,000원을 주면 되겠네."

"그래, 그런데 그때 너는 원천징수의무자가 되니까, 지급총액 500만 원에서 3.3%인 16만 5,000원을 차감한 483만 5,000원을 지급한다는 내용의 원천징수영수증을 작성·교부하고, 지급한 다음 달 10일까지 세무서에 '원천징수 이행상황 신고서'를 제출하고 납부도 해야 하는 거야."

고개를 끄덕이던 태울이 물었다.

"그런데 좀 전에 나한테 사업자라고 했는데, 내가 왜 사업자냐? 나 기분 좋으라고 그냥 그렇게 불러주는 거냐?"

"하하, 그런 게 아니고, 부가세법상 사업자란 '영리목적의 유무에 불

구하고 사업상 독립적으로 재화 또는 용역을 제공하는 자'를 말해. 형태상으로 개인이든 법인이든 법인격 없는 사단·재단 기타 단체든 그런 건 상관없어. 그러니까 너도 사업자야. 당연히 세금의 신고·납부 의무가 있지."

"야, 무슨~ 난 사업자등록증도 없단 말이야."

"사업자등록증이 있거나 없거나 상관없이 법에서는 사업자로 본다는 거야. 그러니 이왕에 사업을 하려면 사업자등록을 내는 게 좋지. 왜냐하면 사업자등록이 없으면 아무래도 정상적인 거래를 하기 어렵거든. 모든 거래를 증빙 없이 현금으로만 주고받는다면 모를까."

"아, 그래?"

"그게 절세하는 방법이기도 해. 소득세를 계산할 때 수입에서 비용을 뺀 소득을 기준으로 세금을 매기잖아. 그런데 사업자등록을 하지 않으면 비용을 인정받지 못하는 게 많아지지. 그러면 소득이 크게 잡혀 세금을 많이 내야 해."

태울은 박 회계사의 얘기를 정확하게 이해하기는 쉽지 않았지만 대충의 의미를 파악하고 고개를 끄덕였다.

"그러니까 나도 사업자등록을 내야겠네?"

"그렇지, 세금에 대해서는 지금 단박에 다 이해하기는 쉽지 않아. 차차 경험하다 보면 알게 되는 거지. 걱정하지 마. 너한테는 이렇게 능력 있는 회계사 친구가 있잖아, 하하."

박 회계사가 호탕하게 웃으며 말했다.

"세무서에 가져갈 사업자등록 신청서도 내가 작성해줄 테니 한 번 직접 가서 분위기를 느껴보는 것도 좋을 거야."

"야~ 요즘 같은 세상에 그걸 세무서에 직접 들고 가야 하나? 인터넷으로 뭐든 다 되는 세상 아닌가?"

"어, 맞아~. 인터넷으로 국세청 홈택스(www.hometax.go.kr)에서 신청해도 돼. 그런데 신청만 인터넷으로 하는 거고 사업자등록증은 며칠 뒤 관할 세무서에 가서 찾아야 해. 직접 가서 신청서를 제출하면 그 자리에서 바로 사업자등록증을 내주는데, 일부러 인터넷으로 신청하고 시간을 더 손해 볼 이유는 없잖아."

16
사업자 등록
내가 사업자라니, 폼 나잖아

"상호를 뭐라고 지을래?"

"어, 개인사업자도 상호를 지을 수 있나? 그냥 내 이름으로 하는 거 아니고?"

"그럼, 당연히 상호가 있어야지."

두 사람은 컨설팅을 주로 할 사업이니 상호에 '컨설팅'이라는 단어가 들어가면 좋겠다는 데 동의하고, 태울의 이름을 앞에 붙여 '태울컨설팅'이라고 상호를 정했다.

박 회계사가 이어서 물었다.

"사업장 소재지는 어디로 할래? 집주소로 해도 된다."

"사업장이면 사무실 내고 해야 하는 거 아냐? 조그마한 사무실이라도 하나 얻어야 하나?"

"아냐, 그냥 집 주소로 해도 돼. 따로 직원이 있는 것도 아니고 너 혼자서 하는 거잖아. 괜히 사무실 얻어봐야 매달 임대료다 관리비다, 이것저것 돈만 많이 나간다. 정말로 사무실이 필요한 경우가 아니라면 그냥 집 주소를 사업장으로 하고 진행하는 게 좋겠다."

다음날 오전 태울은 박 회계사가 전날 작성해준 사업자등록 신청서를 가지고 관할세무서인 역삼세무서로 갔다가 깜짝 놀라고 말았다. 사람들이 생각보다 너무 많았기 때문이다. 은행 창구에서처럼 대기 번호표를 뽑아 들고 차례가 오길 기다렸다. 20여 개의 상담 창구가 있었지만 대기번호 넘어가는 속도가 은행처럼 빠르지는 않았다. 30~40분 정도를 기다리고 나서야 순번이 되어 사업자등록 신청서를 내밀 수 있었다.

세무서 직원은 별다른 말 없이 태울이 내민 사업자등록 신청서와 주민등록증을 살펴보고 컴퓨터에 뭔가를 입력하기 시작했다. 태울은 왠지 모를 긴장감에 손에서 땀이 배어 나오는 것을 느꼈지만 짐짓 아무렇지 않은 듯 살짝 미소 띤 얼굴로 세무서 직원을 바라보았다.

잠시 후 태울은 노란 종이로 된 사업자등록증을 받아 들고 세무서를 나왔다. 사람이 너무 많아 기다려야 했던 시간이 아깝다는 생각도 들었지만, '사업자등록증 받는 거, 뭐 아무것도 아니네' 하는 조금 신기한 마음도 들었다.

세무서를 나오는 태울의 어깨가 들어갈 때보다 좀 더 넓어져 있었다.

17
세금 효과
세금이 두 사람의
주머니에 미치는 영향

태울과 윤하는 회사와 약속한 대로 한 달 동안에 걸쳐 10회의 강의를 진행하는 한편, 조직진단과 경영혁신의 컨설팅 과정을 모두 마무리 짓고 함께 조촐한 저녁 자리를 가졌다.

"윤하 씨, 수고 많았어요."
"네, 태울 씨도 수고 많으셨어요."
둘은 서로를 격려하며 소주 한 병을 곁들여 식사를 했다.
"그런데, 태울 씨. 이번에 받기로 한 강사료 있잖아요."
식사를 마칠 때쯤 윤하가 어색한 표정으로 이야기를 꺼냈다.
"지난번에 계약금으로 받은 것의 반을 저한테 주시면서 사업소득세로 3.3%를 떼셨는데요……."

"네, 뭐 잘못된 거라도 있나요?"

"아니요, 잘못된 건 아니고요. 사실 저 같은 경우는 직장에서 월급도 받고 있거든요. 투잡이라는 얘기죠."

"네, 다행히 직장에 매어 있는 상황이 아니어서, 이번 일을 같이 할 수 있어 참 다행이었어요."

"그런데, 저는 근로소득이 있어서요. 사업소득이 생기면 종합소득세 신고를 해야 하거든요. 그때 과표가 많이 올라가면 세금 부담이 커져요. 그냥 태울 씨가 세금 부담을 다 하고, 저한테는 세금 부담한 걸 고려해서 현금으로 계산해주시면 안 될까요?"

"그게 무슨 말이에요?" 태울이 물었다.

"제가 근로소득에 대해 연말정산하고 소득세 낼 때 보면 소득세율이 15% 구간이거든요. 그러니까 사업소득을 합쳐 종합소득세를 계산하면 사업소득으로 추가된 소득에 대해서는 무조건 15%나 그 이상의 소득세를 내게 되는 거죠."

우리나라 소득세율은 과세표준 구간에 따라 1,200만 원 이하는 6%, **1,200만 원 초과 4,600만 원 이하는 15%**, 4,600만 원 초과 8,800만 원 이하는 24%, 8,800만 원 초과 1억 5,000만 원 이하는 35%, 1억 5,000만 원 초과분에 대해서는 38%의 세금을 내게 되어 있다. 그래서 윤하가 15% 구간이라고 얘기한 뜻은 근로소득의 과세표준 구간이 **1,200만 원에서 4,600만 원 사이**에 있다는 뜻이었다. (다음 표 참조)

과세표준 구간	세율
1,200만 원 이하	6%
1,200만 원 초과 4,600만 원 이하	72만 원 + 1,200만 원 초과금액의 15%
4,600만 원 초과 8,800만 원 이하	582만 원 + 4,600만 원 초과금액의 24%
8,800만 원 초과 1억 5,000만 원 이하	1,590만 원 + 8,800만 원 초과금액의 35%
1억 5천만 원 초과	3,760만 원 + 1억 5,000만 원 초과금액의 38%

윤하는 차분히 이야기를 이어 나갔다.

"그러니까 제 입장에서는 과세대상이 아닌 (세금 따로 안 내도 되는) 현금으로 받는 조건이라면 15%까지는 적게 받아도 된다는 거예요. 100원을 사업소득으로 받아 종합소득세로 합산 신고하면 최소한 세금으로 15원을 더 내야 하니까요."

"야~, 그런 계산이 가능하다니. 세금에 대해서 아주 잘 아시네요. 하하."

"어머, 저도 잘은 몰라요. 그냥 주변에 저처럼 투잡 형태로 일하는 사람들이 가끔 그렇게 하는 것을 보고 배운 거죠."

"그러니까 요점은, 강연료에서 15%까지는 떼도 되니까 소득증빙이 안 남는 현금으로 달라는 거죠? 그 15%로 제가 부담해야 할 세금을 커버할 수 있다면 그건 말이 되는 얘기겠네요. 회계사 친구한테 좀 알아보고 가능한 한 그렇게 해드릴게요."

"네, 고맙습니다."

태울은 윤하와의 저녁 자리를 파하고 박 회계사에게 전화를 걸었다. 상황을 전해들은 박 회계사가 말했다.

"윤하 씨 입장은 충분히 그럴 수 있는데, 네 입장에서는 좀 애매하다. 아직 1년간의 소득이 얼마나 될지 알 수가 없잖아. 너의 과세표준도 소득세율 15% 구간인 1,200만 원에서 4,600만 원 사이가 된다면 윤하 씨가 부담할 세금을 그대로 네가 부담하는 것으로 정리되겠지만, 혹시라도 사업이 아주 잘 되어 과세표준이 그보다 더 높아진다면 네가 세금을 더 내야 하는 상황이 될 수도 있거든."

태울이 물었다.

"그런데 내가 만일 15%보다 더 아래쪽인 6% 구간에 해당한다면 내가 이익인가?"

"그렇지, 윤하 씨에게 줄 돈 중 15%를 떼어서 6%만 세금으로 내면 되니까 9%가 남는 거지. 하지만 네 소득이 1,200만 원 이하가 될 거라는 걸 지금 예단할 수가 없다는 게 문제인 것이지. 어쨌든 소득이 적은 사람일수록 낮은 세율을 적용받으니까 절세를 위해서는 낮은 세율을 적용받는 사람한테 소득을 몰아주는 게 절세의 기본 원칙이라 할 수 있지."

태울은 어렴풋이 과세표준과 소득은 다른 것이라는 생각이 들어 물었다.

"그런데 '과세표준'하고 '소득'하고는 어떤 차이가 있는 거야? 내 소득이 그대로 과세표준이 되는 것은 아닌 것 같네."

"그렇지. 소득에서 '소득공제'를 하면 그게 과세표준이야."

"그, 왜…… 인적공제로 부양가족 수에 따라 공제하는 거랑 보험료 공제 같은 거 말이지?"

"응, 그러니까 대충 소득공제액을 500만 원이라고 가정할 때, 네 소득이 5,100만원(4,600만 원+500만 원)을 초과해버리면 윤하 씨에게 줄 돈에서 15%를 떼어 네가 가졌다고 해도 윤하 씨가 냈어야 할 세금보다 네가 더 부담해야 하는 사태가 생기게 되는 거지."

"야, 올해 얼마 남지도 않았는데, 요 몇 개월 동안에 내가 5,000만 원 넘게 벌 일이야 생기겠냐?"

박 회계사가 잠시 생각해보더니 말했다.

"그래, 그렇겠지……. 그리고 여기서 말하는 '소득'은 '수입'에서 '비용'을 뺀 금액이야."

"아, 그렇지? 만날 까먹네. '수입'과 '소득'이 다르다는 거를. 그러니까 소득세는 '소득'에 따라 부과되는 거고, 내가 사업을 해서 번 돈은 '수입'인데 여기서 '비용'을 뺀 금액이 '소득'이 된다는 거지?"

"그래, 그리고 넌 올해 신규로 사업을 개시한 사업자니까 간편장부 대상자에 해당하지. 그마저도 작성 안 한다면 종합소득세 계산할 때 추계에 의한 방법으로 수입의 일정 부분을 비용으로 계산하게 되는데, 그 비율은 업종에 따라 달리 정해져 있어."

18
간편장부
사업자의
장부 기장 의무

참조 ▶ http://blog.naver.com/ryuoryu/220858378550

태울은 처음 듣는 세금용어가 있어 물었다.

"간편장부가 뭐야?"

"원칙적으로 모든 사업자는 장부를 작성하고 이를 5년간 보관해야 할 의무가 있어. 하지만 직전년도의 연간 매출액이 4,800만 원 이하인 영세한 사업자에게는 장부기장 의무를 면제해주고 있지. 이때 장부란 복식부기에 의한 회계장부를 말하는 거야. 그런데 영세상인들의 입장에서는 스스로 복식부기를 작성한다는 게 쉽지 않거든. 그래서 일정한 조건이 되면 '간편장부'로 작성할 수 있도록 하고 있지.

"그 조건이라는 게 뭔데?"

"응, 간편장부를 작성할 수 있는 사업자는 당해년도에 신규로 사업을 개시한 자와 전년도 수입금액이 업종별로 정한 금액에 미달하는 사업자야. 너 같은 경우에는 신규로 사업을 개시한 것이니 간편장부를 작성하면 돼. 이 간편장부 작성도 안 한다면, '추계'에 의한 방법으로 신고하는 거야. 그런데 간편장부 대상자가 추계로 신고할 때는 무기장가산세가 있어."

태울은 어렴풋이나마 차츰 세금계산 구조에 대해 알 것 같았다. 하지만 아직 궁금한 것투성이였다.

"그래 추계에 의한 방법으로 신고하면 얼마나 비용으로 인정해주는데?"

"넌 경영컨설팅 업종(업종코드: 741400)으로 신규사업자를 냈으니 추계방식으로 소득세를 계산할 때, 단순경비율이면 70.3%로 계산하고, 기준경비율이라면 28.6%를 적용해서 계산하게 되지. 이 비율은 인터넷으로 국세청 홈택스에 들어가면 확인할 수 있고, 매년 바뀔 수 있어."

"뭐? 단순…… 뭐라고?"

"하하, 단순경비율, 기준경비율. 처음 들어보는 단어라 생소할 거야. 간단히 설명해서 단순경비율이 70.3%라면 수입이 100원일 때 70.3원을 비용으로 보고 나머지 29.7원을 소득으로 신고하면 된다는 뜻이야. 기준경비율의 경우는 비슷하지만 좀 복잡해서 지금 전화상으로 설명하기는 좀 그렇고……. 다음에 종합소득세 신고할 때 설명할 기회가 있을 테니 그때 다시 얘기하자. 어쨌든 윤하 씨가 요구한 대로 해줘도 괜찮을 것 같다."

"그래, 고맙다. 그런데 지금까지 얘기한 내용을 좀 정리해서 다시 말해줄래? 좀 적어둬야 할 것 같아서."

태울은 노트를 꺼내 박 회계사가 다시 간략히 정리해주는 내용을 들으며 다음과 같이 메모를 남겼다.

태울의 세무노트 - 03

종합소득세 계산 방법
- 소득 = 수입 - 비용
- 과세표준 = 소득 - 소득공제
- 과세표준 구간에 따라 소득세율 적용
- 사업자라면 누구나 장부 기장에 의해 소득을 신고해야 한다.
  이때 장부는 복식부기에 의한 장부가 원칙이지만, 영세한 사업자를 위해 '간편장부'를 작성할 수 있도록 하고 있다.
- 연간 매출액 4,800만 원 이하는 장부기장 의무도 면제
- 장부 작성을 안 한 사업자는 추계에 의한 방식으로 소득신고를 할 수 있다.
- 소득액을 추계할 때 경비율을 사용하는데 여기에는 '단순경비율'과 '기준경비율' 두 가지가 있다. (이건 다음에 좀 더 알아보자.)
- 소득세는 누진세율이므로 과세표준이 낮은 사람에게 소득을 밀어주면 전체적인 세금을 줄일 수 있다. (절세방법!!)

19
고객의 변심
계약서 작성의 중요성

"일 마무리 지은 지가 벌써 한 달이 넘고 두 달이 다 되어가는데, 아직 잔금이 안 들어오고 있어. 이게 있을 수 있는 일이냐? 나 회사 생활할 때는 이런 거 바로 그달 말에 지급하는 게 통상적인 관례였다고!"

태울은 후배와 통화를 하며 답답함을 토로했다.

"어떻게 해야 될까? 내가 직접 전화하는 것보다는 네가 중간에서 얘기를 한 번 넣어주면 좋겠는데."

후배는 자신이 소개해준 회사 일이었던지라 태울이 잔금을 받지 못하고 있는 상황이 미안하기도 하고 책임감도 느껴져 그러기로 했다. 잠시 후 후배가 전해주는 이야기를 듣고 태울은 속이 뒤집히는 것 같았다. 컨설팅과 교육의 효과가 아직 확실치 않으니 약속한 대금을 지급하기 곤란하다는 것이었다.

컨설팅 계약서를 미리 작성한 것도 아니어서 법에 하소연하기도 곤란했다. 계약서를 먼저 작성하고 일을 진행해야 한다는 생각을 안 한 것은 아니었지만, 후배와의 관계도 있으니 설마 우려할 일이야 생기겠나 하는 안일한 마음으로 대처했던 게 실수였다.

곧 회사에서 돈이 입금될 줄로만 믿고 윤하에게 약속한 강연료를 자신이 먼저 지급했던 터라 태울의 통장 잔고는 이미 바닥이었다. 물건을 팔았다면 되돌려달라 할 수도 있겠지만, 컨설팅과 교육이라는 무형의 서비스는 돌려받을 수도 없으니 난감한 노릇이었다.

그래도 후배가 중간에서 힘을 써준 덕분인지 며칠 뒤 회사로부터 연락이 왔다. 대금 지급은 해줄 것이지만 액수를 애초 약속한 금액의 반으로 하자는 것이었다. 태울은 그나마 다행이라 생각하며 울며 겨자 먹기로 동의했지만, 자신의 지적 재산과 그동안에 들인 노고와 시간이라는 비용을 강탈당한 것 같아 괴로웠다. '눈 뜨고 코 베인다'는 속담이 허튼 말만은 아니라는 것을 느끼고, 사업의 세계란 이토록 야생의 정글과도 같은 것인가 하는 비애감마저 들었다. 신뢰가 우선이 되어야 할 거래 관계에서 자신이 한 말을 이토록 쉽게 뒤집을 수 있는 것인지, 상대방의 그런 태도에 너무 어이가 없었다.

얼마 후 회사로부터 돈을 입금받았지만 태울의 고민은 다시 시작됐다. 윤하에게 이런 사정을 이야기하고 이미 지불한 강연료의 일부라도 돌려달라고 해야 할지 말아야 할지를.

상황을 설명하면 윤하도 이해해줄 것 같았다. 하지만 끝내 태울은 그 얘기를 하지 못했다. 이왕 시작한 거니 더 열심히 하면 다른 일에서 벌충할 수 있겠지 하며 컨설팅 사업을 좀 더 제대로 해보자고 의지를 다졌다. 태울은 지금까지의 경험을 통해 자신감이 생긴 터라, 이제 적극적으로 지인들에게 고객 연결을 부탁했다.

그동안 박 회계사로부터 세금 공부도 할 겸 한 번 다녀가라는 얘기를 몇 차례 들었지만, 이런 상황에 세금 이야기가 귀에 들어올 것 같지도 않아서 차일피일 미루고 있었다.

20
프리랜서와 사업자의 차이 부가가치세 효과

연말이 되어 이런저런 송년모임이 계속되고 있는 중에 태울은 박 회계사도 함께하는 모임에 참석하게 됐다.

"태울아, 요새 바빴냐? 이것저것 얘기 좀 해주고 싶어서 사무실로 나오라고 몇 번을 얘기했는데, 어째 한 번도 안 오냐?"

"아, 미안~. 여기저기 다니면서 좀 바쁜 체하느라."

"그래, 사업은 잘 돼 가고?"

"응. 그 뒤로도 두 건 더 했어."

"세금계산서 발행은 해봤어?"

"고객들이 모두 사업소득으로 처리해주던데? 세금계산서 발행해달라는 얘기는 아직 없었어."

"그건 좀 이상한데? 지금까지 총 서너 군데를 진행했다면 그중 한두 군데 정도는 세금계산서를 요구하지 않았을까 싶은데. 기업 입장에서는 세금계산서를 받아 처리하는 게 실무적으로 더 편하고 비용으로 정리하기도 간단하거든."

"내가 세금계산서를 발급하게 되면 회사 입장에서는 부가세를 더 부담해야 해서 돈을 더 내야 하니까 싫어하는 거 아닌가?"

"아냐~. 회사에서는 부가세로 10%를 더 주더라도 매입세액으로 결국 환급을 받게 되니까 그건 차이가 없어. 오히려 원천징수를 하게 되면 원천징수한 금액을 신고·납부해야 하니 실무적으로는 이게 더 귀찮지."

이때 옆에 있던 다른 친구가 대화에 끼어들었다. 10여 년 전부터 웹디자인과 마케팅 쪽에서 프리랜서로 일하고 있는 친구 황기철이었다.

"태울이도 이제 사업의 세계로 입성했구나. 외국계 기업에서 잘 나가던 때랑 비교하면 아주 살벌하지? 바깥세상을 경험해보니 어때? 회사 생활할 때가 온실 속 같았다는 생각 안 드냐?"

"하하. 그러게, 사업 선배로서 많이 좀 도와주라. 그런데 기철이 너는 어떻게 하고 있어? 사업자등록 내고 하는 거야? 아니면 그냥 3.3%만 떼고 하는 거야?"

"나 같은 경우는 처음에 한 2~3년 정도는 그냥 사업자 없이 했지. 그런데 수입이 많아지니까 절세를 위해서는 먼저 장부 기장부터 해야겠더라고. 장부 기장 안 하고 기준경비율을 적용하면 비용 인정을 얼마 못 받거든. 그래서 비용을 인정받을 수 있는 내용으로 최대한 장부 기장을 하고 있어. 박 회계사가 다 알려준 거야."

기철은 소주를 목에 털어 넣으며 얘기를 이어갔다.

"그런데 일을 하다 보니까 사업자등록도 필요해지더라고. 특히 관공서 같은 경우에는 사업자가 없으면 일을 들어가기가 어려워."

"그럼, 지금은 모든 거래에 세금계산서를 발행하고 있는 거야?"

"아니, 그렇지는 않지. 그냥 고객이 원하는 대로 해줘. 세금계산서를 원하면 발행해주고, 그렇지 않으면 그냥 3.3% 떼고 받고."

"아니, 그래도 되나? 부가세법에서 세금계산서 발행을 규정하고 있는 이유가 뭔가 있을 거 아냐. 사업자가 마음대로 세금계산서를 발행해도 되고, 안 해도 된다는 건…… 좀 이상한데?"

박 회계사가 태울의 얘기를 듣다가 끼어들었다.

"너는 그런 것도 다 생각하냐? 역시 우등생은 다르구나. 출제자의 의도를 파악하려고 하는 게 습관인가 봐? 하하하."

두 사람의 시선이 자신에게 쏠리는 것을 느끼고 박 회계사가 이야기를 이었다.

"부가가치세법에서는 재화나 용역의 공급을 과세대상 거래로 규정하고 사업자로 하여금 10%의 부가세를 포함한 세금계산서를 발급하도록 규정하고 있지. 그런데 일부에 대해서는 이를 면제한다는 면세 조항이 있어. '고용관계 없는 사람이 다수인에게 강연을 하고 강연료·강사료 등의 대가를 받는 용역'이 그중 하나야. 반면 소득세법에서는 그런 강연료 등을 지급하는 측에서 원천징수를 하라는 규정이 있지. 원천징수를 하라는 말은 곧, 세금계산서를 받지 않고 사업소득인 경우 3.3%로, 기타소득인 경우 4.4%로 원천징수를 하면 된다는 거야. 그래서 너희들한테 일을 의뢰한 회사 입장에서는 원천징수를 하건 세금계산서를 받건

	프리랜서	사업자	차액	비율
수 입	1,000	1,000	0	0%
비 용	330	300	-30	-9%
소 득	670	700	30	4%
들어온 돈	967	1,100	133	14%
나간 돈	330	330	0	0%
호주머니	637	770	133	21%

실무적으로 상황에 따라 하면 되는 거고, 꼭 어떻게 해야 한다고 정해져 있는 건 없는 거야."

태울이 물었다.

"그럼 우리 같은 입장에서는 사업자등록을 하는 것과 안 하는 것에 무슨 차이가 있는 거야?"

"저번에도 잠깐 얘기했지만 사업자등록을 하면 비용 인정을 받는 게 좀 더 많아질 수 있어 절세에 도움이 되지. 그리고 현금 흐름도 조금 달라지고."

"현금 흐름? 좀 이해하기 쉽게 숫자로 예를 들어 설명해줄 수 있겠냐?"

"그래, 예를 들어보자."

박 회계사는 냅킨에 아래와 같은 간단한 표를 그렸다. 막상 그려놓고 보니 두 사람에게 어렵게 보일까 봐 걱정이 됐는지, 설명을 들어보면 어렵지 않을 것이라며 말을 이었다.

"프리랜서로 수입이 1,000원이라고 해보자. 3.3%인 33원을 원천징수 당하고 967원을 받겠지. 그리고 비용으로 300원을 썼는데 부가세 포함해서 330원을 지급했다고 해보자. 그럼 이 사람 호주머니에 남아 있는 현금은 (967원 - 330원) 637원이야. 이 경우 종합소득세 신고할 때 소득은 얼마일까? 사업자등록을 안 했기 때문에 매입부가세 30원을 환급받지는 못하지만 비용으로 처리할 수 있으니까 수입 1,000원에서 비용 330원을 뺀 670원이 되겠지."

"그럼 사업자등록이 있는 경우에는?"

"세금계산서를 발행했다면 공급가액 1,000원에 부가세 100원을 더한 1,100원을 받겠지. 그리고 똑같이 비용으로 300원을 썼는데 부가세 10%를 더해서 330원을 지급했어. 그럼 이 사업자의 호주머니에는 얼마가 남아 있겠어? (1,100원 - 330원) 770원이야. 프리랜서일 때 637원 보다 133원(21%) 더 많지?"

"그럼 종합소득세 신고할 때는 어떻게 되나?"

"수입 1,000원에서 비용 300원을 뺀 700원을 소득으로 신고하게 돼. 프리랜서는 매입부가세 30원을 환급받지 못하는 대신 비용으로 처리할 수 있었지만, 사업자는 매출부가세 100원에서 매입부가세 30원을 공제하고 70원을 부가세로 납부했으니 프리랜서의 소득 670원보다 30원(4%) 더 많아진 거지. 하지만 이 정도면 별 차이는 없다고 봐도 되는 거야. 그보다는 내 수중에 현금이 많아진 효과가 훨씬 크잖아. 어때, 쉽게 이해되지?"

"그래, 표로 정리해서 보니까 아주 쉽게 이해가 되네."

"그리고 부가세는 1년에 네 번(1월, 4월, 7월, 10월에) 납부하거든. 그러니까 매출부가세로 받은 100원을 납부하기 전까지 최장 3개월 동안 사업자가 유용할 수 있다는 현금흐름 상의 장점이 생기는 거지."

"허어~ 세금계산서를 발행하는 것과 안 하는 것에 따라 이런 차이가 생기다니, 신기하네."

태울은 알수록 복잡해지는 세금 이야기에 약간의 어려움도 느꼈지만 점점 흥미가 생기기 시작했다.

21
동업
절세 효과?

술 취한 정신에 호기를 부리는 것인지 기철은 갑작스럽게 태울에게 동업을 제의했다.

"태울아, 내가 지금까지 10여 년 일하면서 관공서 쪽으로는 꽉 잡고 있고, 고정으로 거래하는 회사도 꽤 되거든. 우리 동업할래? 사업에서 제일 중요한 게 뭐냐? 영업 아니냐? 내가 영업은 잘하잖아. 네 영업도 내가 다 해줄게."

호기롭게 말하던 기철이 박 회계사를 보며 물었다.

"그리고 동업을 하면 절세효과도 있다면서?"

태울도 궁금한 눈빛으로 박 회계사의 말을 기다렸다.

"소득세가 누진세율 구조니까 소득을 나누면 한 사람으로 계산된 세금보다 적어지긴 하지. 하지만 너희 둘이 동업을 한다고 해서 꼭 절세효과가 있다고 볼 수는 없을 거야."

"그건 왜?"

"보통 동업의 절세효과를 얘기할 때, 예를 들면 소득이 100인 것을 가정하고 이걸 두 사람이 50씩 나누었을 때 소득세가 어떻게 계산되는가 하는 문제를 말하는데, 산술적으로는 분명히 한 사람이 100의 소득으로 계산한 세금보다 두 사람이 각각 50의 소득으로 계산한 세금의 합계가 적은 것은 맞아. 그런데 너희가 혼자 일할 때 50을 번다면 동업을 해서 둘이 합쳐 100을 버는 것과 무슨 차이가 있겠냐?"

"뭐, 엎치나 메치나 매한가지란 뜻인가?"

"그렇지. 동업을 통해 시너지가 나서 매출을 더 늘릴 수 있거나 비용을 줄일 수 있을 때 하는 거지."

기철은 박 회계사의 얘기에 기세가 한풀 꺾이긴 했지만 그래도 동업을 해보자며 말을 이었다.

"사업규모가 커지면서 사업장 주소지가 집으로 되어 있는 것이 좀 창피할 때도 있거든. 우리 동업하면서 조그마한 사무실 하나 구하자. 멋들어진 사무실은 아니더라도 하나 마련해두면 여러모로 도움이 되지 않겠냐?"

결국 사무실을 구하는 비용을 둘이서 나누어 부담하자는 소리로 들려 태울은 웃음으로 넘기며 말했다.

"동업에 대해서는 차차 생각해보기로 하고, 영업은 가능하면 좀 해주라. 성사되면 사례는 꼭 할 테니. 하하."

22 면세사업자 세금을 안 낸다?

며칠 뒤 태울은 1인 기업가들의 모임에 나갔다가 세금과 절세에 관한 대화 중에 면세사업자에 대한 이야기를 들었다. 인터넷 카페에서 만들어진 동호회 성격의 모임으로, 매달 한 번씩 오프라인으로 모여 친교를 나누고 정보와 지식도 공유하는 모임이었다. 그런데 어떤 사람이 '면세사업자로 사업자등록을 하면 세금을 안 내도 된다'면서, '교육 용역은 면세사업자로 할 수 있다'라고 하는 것이 아닌가.

모임을 마치고 집에 돌아온 태울은 자신이 받은 사업자등록증을 살펴보았다. 그곳에는 '일반과세자'라고 쓰여 있었다. 궁금한 생각에 태울은 박 회계사에게 전화를 할까 하다가 너무 늦은 시간이었던지라 일단 인터넷을 검색해보았다.

살펴보니 '면세'라고 해서 모든 세금을 다 면제해주는 것은 아니고, 부가가치세에만 해당이 되었다. 그리고 법에 정한 업종에 한해 면세대상이 된다는 것을 알게 되었다. 크게 네 가지로 구분하여 적혀 있는 면세대상 사업은 다음과 같았다.

01) 기초생활필수품 및 용역(미가공식료품과 국내산 농축수임산물, 수돗물, 대중교통 여객운송용역, 주택과 그 부수토지의 임대용역 등)
02) 국민후생, 문화 관련 재화 및 용역(의료보건용역과 혈액, 교육용역, 도서·신문·잡지·통신·방송, 예술창작품·예술행사·문화행사 등)
03) 부가가치의 생산요소 및 인적용역(금융·보험·토지·인적용역)
04) 기타 목적의 공급(우표, 인지, 복권, 종교 자선 등의 공익단체의 공급, 국가조직의 공급 등)

태울은 자신의 컨설팅 사업이 이런 면세대상 사업 중 02)번 항목의 교육용역과 03)번 항목의 인적용역에 해당될 수 있는 것인지 궁금한 생각에 잠이 오지 않았다. 도저히 궁금함을 참지 못한 태울은 박 회계사에게 메시지를 보냈다.

'자냐?'

잠시 후 답이 왔다.

'안 잔다.'

태울이 전화를 걸었다.

"미안하다. 궁금한 게 생겼는데 그것 때문에 잠이 안 와서 말이지."

"뭔데?"

"나는 면세사업자가 될 수 없는 거냐? 사업자등록증을 보니까 나는 일반과세자라고 적혀 있던데."

"아, 면세~. 그건 법으로 업종이 정해져 있어. 소비자 입장에서 부가세가 부담이 되니까 기초생필품이나 국민후생과 직접 관계되는 사업을 면세로 정해 부가세 부분만큼 가격이 인하되는 효과를 누릴 수 있게 만든 제도야."

"인터넷에서 찾아보니까 교육용역이나 인적용역은 면세에 해당한다고 되어 있던데, 여기에 나도 해당될 수 있는 거 아닌가?"

"교육용역은 주무관청의 허가 또는 인가를 받거나 주무관청에 등록 또는 신고된 학원, 강습소 등이 면세대상이고, 인적용역은 작가, 연예인, 외판원 등 개인이 독립적으로 용역을 제공하는 특정의 인적용역에 한해서만 면세대상으로 하고 있어. 그런데 컨설팅은 과세사업이야. 만약 1회성이라면 그냥 인적용역으로 면세로 볼 수도 있겠지만……. 저번에 기철이랑 얘기 나눌 때 회사 쪽에서 세금계산서를 요구하든가 원천징수를 하든가 상관없다고 했던 거 기억나지? 이게…… 그렇게 실무적으로도 혼선이 좀 있긴 해."

"아, 안타깝네. 면세사업자가 되면 세금을 안 내도 된다고 해서 조금 기대를 했더니."

"뭐, 세금을 안 내다니? 아, 부가세 말하는 거구나. 면세사업자면 부가세를 안 내는 건 맞지. 그런데 그 부가세라는 게 어차피 자기 돈으로 내는 게 아니잖아. 최종 소비자에게 미리 받은 돈을 잠시 보관하고 있다가 내는 거니까. 그래서 부가세를 최종소비자에게 전가된 세금이라고 말하는 거야. 그리고 면세사업자는 매출할 때 부가세가 없는 '계산서'를 발행하면서 부가세 납부 의무가 없으니까 매입할 때 부담했던 부가세를 환급받지도 못해. 다행히 매입부가세를 포함한 금액을 비용으로 처리할 수는 있지만."

"그럼 면세사업자가 좋은 점이 뭐야?"

"면세사업자가 좋은 점이라고 하면…… 세금을 안 내서 좋은 건 아니고, 부가세 부분만큼 소비자에게 받을 가격이 떨어져 소비자가 좀 더 쉽게 지갑을 열 수 있게 만든 것 정도라고 할 수 있지. 저번에 얘기했던 프리랜서와 사업자의 차이를 봐도 면세사업자보다는 일반과세자로 사업하는 게 유리할 수 있어. 부가세를 포함한 금액으로 현금흐름을 만들 수 있으니까. 블로그 주소 하나 알려줄게. 면세사업자에 대해 유용한 내용이 조금 있으니까 읽어보면 도움이 될 거야."

참조 ▶ http://blog.naver.com/ryuoryu/220988057162

"그래, 늦은 시간에 미안했다. 잘 자라~."

태울은 세금에 대해 알아가는 게 마치 게임 같다는 생각이 들었다.

오늘 스테이지를 또 하나 깼구나. 다음에는 또 어떤 스테이지에 어떤 악당이 등장하려나 궁금해하며 침대에 들었다.

23

간이과세자 세금을 줄일 수 있다?

　며칠 뒤 태울은 1인 기업가로의 여정 중에 또 하나의 게임 스테이지를 만났다. 이번 악당의 이름은 '간이과세자!' 이 스테이지를 깨는 방법은 그 악당의 이름과 의미를 이해하는 것이다. 방법은 다양하다.

　첫째로 인터넷 검색을 통해서 알아볼 수 있는데, 이때 잘못하면 길을 잃을 위험이 있다. 검색 결과를 신뢰할 수 있는지 여부는 차치하고, 정보의 바다에서 조난당한 현대의 로빈슨 크루소가 될 수도 있다. 이렇게 되면 클릭 한 번으로 연예인의 가십기사나 핫한 영상이 난무하는 말초신경의 디지털 바다 한가운데 표류하기 십상이다. 그래서 태울은 뭔가 궁금한 게 생겨 인터넷으로 검색을 할 때면 5분 이상 시간을 사용하지 않는다는 원칙을 세워 실천하고 있다. 어차피 인터넷을 통해서는 깊이 있는 지식을 알기 어렵다고 생각했고, 최소한의 시간을 들여 궁금한 부분의 개략적인 내용만을 이해하는 것을 목표로 삼은 것이다.

두 번째 방법으로 책을 찾아 읽어볼 수 있다. 서점이나 도서관에 가면 수많은 종류의 책들이 꽂혀 있다. 하늘 아래 새로운 것은 없다고, 대체로 우리가 궁금해 하는 내용은 이미 선학들에 의해 책으로 쓰여져 있음을 알게 된다. 일단 제대로 된 책을 만나면 정보와 지식 나아가 깊이 있는 지혜를 얻을 수 있다. 그런데 그 많은 책 중에 내게 필요한 책 한 권을 찾아내는 게 어렵고, 책을 손에 넣기까지 시간도 걸린다. 손에 넣고 나서도 다 읽으려면 또 상당한 시간이 소요된다.

세 번째 방법은 전문가에게 묻는 것이다. 가장 효율적이다. 문제는 그런 전문가를 주변에서 쉽게 찾을 수 있는가 하는 것이다. 다행히 세금에 관해서는 전문가 친구가 가까운 곳에 있으니 태울은 이 세 번째 방법을 주로 활용할 수 있었다. 꽤나 행운이 아닐 수 없었다.

"간이과세가 뭐야? 간이과세자는 세금을 적게 낼 수 있다고 그러던데?"

끝없이 이어지는 태울의 질문에 슬슬 질릴 때도 되었건만 박 회계사는 여전히 친절했고 이해하기 쉽게 설명을 해주려고 애썼다.

"저번에 말한 면세사업자의 면세가 부가가치세에만 해당하는 것이고 다른 세금까지 면제해준다는 얘기가 아니었듯이, 간이과세자도 부가가치세에만 해당하는 얘기야. 직전년도 공급대가의 합계액이 4,800만 원이 안 되는 영세한 사업자에게 세금계산서 발행의무를 면제해주고, 부가세도 10%보다 좀 더 적게 부담하게 한다는 취지에서 만든 제도야."

"10%보다 적다고? 얼마나 적은 건데?"

"응, 그 얘기를 하기 전에 우선 일반과세자가 어떻게 부가세를 계산하는지 간단히 얘기해볼게. 예를 들어 일반과세자인 홍길동이 1,000원짜리 재화나 서비스를 판매할 때는 10%의 부가세인 100원을 더해 1,100원의 세금계산서를 청구 발행하게 되지. 이때 부가세 100원이 '매출세액'이고, 거래 상대방으로부터 받았지만 내가 번 돈이 아니고 세무서에 납부해야 할 돈을 먼저 받아 잠시 맡아두고 있는 거야. 그런데 홍길동이 뭔가를 팔기도 하지만, 원재료를 사는 등 뭔가 비용을 쓰면서 부담한 부가세도 있겠지. 예를 들어 600원짜리 물건을 사면서 60원의 부가세를 포함해서 660원을 지불했다고 해보자. 이때 부담한 부가세 60원이 '매입세액'이야. 사업자인 홍길동은 '매출세액' 100원에서 '매입세액' 60원을 뺀 나머지 40원을 부가세로 신고·납부하면 되는 거야."

업 종	부가가치율
전기, 가스, 증기, 수도	5%
소매업	10%
재생물 재료수집 및 판매업	
음식점업	
제조업	20%
농업, 임업, 어업	
숙박업	
운수 및 통신업	
건설업	30%
부동산임대업	
기타 서비스업	

"그래, 납부할 부가세 구하는 방식은 지난번에도 잠깐 설명한 적이 있었지. 오늘 또 들으니 이제 아주 잘 알겠어."

"그래, 이제 간이과세자를 보자. 간이과세자는 납부세액을 계산할 때 [부가가치율]을 적용하게 돼. 이 [부가가치율]은 5~30% 사이로 앞쪽 표와 같이 업종에 따라 달리 적용하게 되어 있어."

"이 [부가가치율]을 어떻게 적용해서 계산한다는 거야?"

박 회계사는 종이를 꺼내 계산식을 써가면서 설명을 이어갔다.

"일반과세자의 매출세액은 홍길동의 경우에 **'공급가액'** × 10%인 100원이었잖아. 그런데 간이과세자의 납부세액은 **'공급대가'** × 10% × **[부가가치율]**이야. 여기서 '공급대가'라는 것은 '공급가액 + 부가세'를 말해. 즉, 1,100원이지. 그래서 1,100원 × 10% × [부가가치율]로 계산하는 거야. 너 같은 경우 앞쪽 표에서 맨 아래쪽에 있는 기타 서비스업에 해당되니까 30%의 [부가가치율]을 적용해서 1,100원 × 10% × 30% = 33원이야. 일반과세자였을 때의 매출세액 100원과 비교하면 그 33%가 되는 것을 알 수 있겠지? 그리고 일반과세자일 때 납부할 부가세를 구하기 위해 '매출세액'에서 '매입세액'을 공제했듯이, 간이과세자도 매입세액에 [부가가치율]을 곱한 금액으로 '세액공제'를 하게 돼. 식으로 쓰면 이렇게 되는 거지.

'간이과세자의 세액공제액 = 매입세액 × [부가가치율]'

그래서 위 홍길동이 간이과세자라면 매입세액 60원에 30%의 [부가가치율]을 반영해 (60원 × 30%) 18원의 세액공제액이 계산되는 거지. 그럼 간이과세자인 홍길동이 최종 납부해야 할 부가세는 얼마일까? (납부세액 - 세액공제액) = (33원 - 18원) = 15원이야. 일반과세자였다면 40원을 부가세로 납부해야 했지만, 간이과세자가 되면 15원만 납부하면 되는 거야. 상당히 줄어들지. 그런데 아까도 얘기했지만 누구나 다 간이과세자가 될 수 있는 게 아니라 직전년도의 공급대가의 합계액이 4,800만 원 미만인 개인사업자만 간이과세자가 될 수 있어. 법인사업자는 안 돼. 또 '간이과세 적용배제 업종'이라고, 매출 규모가 아무리 작아도 간이과세자로 할 수 없는 업종이 있어."

"어떤 업종?"

"대표적으로 광업, 제조업, 도소매업, 시 이상 지역의 유흥장소, 시 이상 지역에 소재하는 일정 규모 이상의 부동산임대업, 그리고 전문직 사업자 등이야. 그러니까 나 같은 회계사나 세무사, 변호사, 의사 등의 전문직 사업자는 아무리 매출이 적어도 간이과세자가 될 수 없다는 거지."

"그런데 나는 왜 간이과세자가 아닌 거야? 올해 매출 다 해봐야 1,300만 원 정도밖에 안 되는데."

"일단 너는 사업자등록을 신청할 때 간이과세자가 아니라 일반과세자로 신청을 했어. 연간 4,800만 원이면 그리 많은 금액이 아냐. 조금만 사업이 잘 된다 하면 그 정도는 금방 넘어갈 거라 생각해서 일반과세자로 신청한 거야. 그런데 너 방금 매출이 1,300만 원이랬지? 그건 10월부터 12월까지 3개월간의 매출이잖아. 이런 경우에 연간 매출액으로 환산을 해야 돼. 3개월 동안 1,300만 원이면 1년으로 환산해서 5,200만 원이네(1,300만 원 × 12개월/3개월) 그러니까 넌 현재 매출규모로 봐서도 간이과세자가 될 수 없는 거야."

"아, 그렇구나. 나는 간이과세자가 못 되는구나."

"야~ 그걸 '못 되는구나' 하고 아쉬워할 건 아니지. 매출이 많아서 일반과세자가 될 수 있는 것을 감사하게 생각해야지. 그리고 간이과세자는 세금계산서 발행을 못해. 고객이 요구하게 되면 난감해지겠지."

"하하, 그런가?"

태울은 오늘도 GG(굿 게임)라 생각하며 다음과 같이 메모를 남겼다.

태울의 세무노트 - 04

● 사업자의 종류 : 일반과세자 / 면세사업자 / 간이과세자

일반과세자 :
부가세 10%를 포함하여 '세금계산서'를 발행
일반과세자가 납부할 부가세 = 매출세액 - 매입세액

면세사업자 :
기초생필품이나 국민복리후생, 교육에 관계된 사업 등 면세사업 대상은 법으로 정해져 있다.
- 면세사업자는 부가세가 면제이므로 부가세 없는 '계산서'를 발행
- 면세사업자는 부가세를 내지 않으므로 매입세액 환급도 받을 수 없다.
  대신 매입부가세를 포함한 금액을 비용으로 처리

간이과세자 :
직전년도 연간 매출 4,800만 원 미만인 사업자로 업종별로 다른 부가가치율 (5%~30%)을 반영하여 납부할 부가세를 계산한다.
간이과세자가 납부할 부가세 = 납부세액 - 세액공제액 =
공급대가 × 10% × 부가가치율 - 매입세액 × 부가가치율
> ▶ 공급대가는 공급가액에 부가세를 더한 금액
>   - 신규 사업자는 1년이 안 된 기간의 매출을 연간매출액으로
>   환산한 금액으로 판정한다.
>   - 간이과세 적용 배제 업종이 있다.
>   - 간이과세자는 세금계산서를 발행할 수 없다.

24
살아남기
골이 깊으면
산이 높다

추운 날이 지나고 이제 초록색 물결이 곳곳에 넘실대고 있다. 토요일 저녁, 태울은 몇 시간째 서재에 틀어박혀 고객에게 제출할 제안서를 작성하고 있다.

1인기업가는 조직이나 상사가 없으니 타인의 감독이나 간섭에서 자유롭다. 대신 일의 결과는 오롯이 스스로 책임져야 한다. 또한 1인기업가는 따로 정해진 업무 시간이 없으니 출퇴근이 자유롭고 자신의 편의에 맞춰 시간을 활용하기도 수월하다. 하지만 몰아치는 고객의 기대와 요구에 부응하려면 때로는 밤도 새고 주말에도 쉬지 못하고 일해야 하는 경우가 생긴다.

오랜 시간 모니터를 노려보며 자판을 두드리던 태울은 눈도 침침하고 어깨도 뻐근하여 체력에 한계를 느낀 나머지 자리에서 일어났다. 옥상에 올라가 기지개를 켜며 스트레칭을 하고 나니 활기가 좀 도는 것 같았다.

의욕적으로 시작한 컨설팅 사업이었고 초반에 행운이 있어 몇 차례 좋은 결과를 내긴 했지만 태울은 사업을 진행할수록 어려움을 느끼고 있었다. 이상과 다른 현실, 예상과 다른 고객반응, 내 맘 같지 않은 다양한 이해관계자 등, 자신을 괴롭히는 크고 작은 문제들에 부딪쳐야만 했다. 때로는 '내가 이러려고 사업을 하겠다고 했나' 하는 자괴감이 들 만큼 고객의 요구가 허무맹랑한 경우도 있었다.

출출하여 냉장고를 뒤지던 태울은 그 안에서 몇 개월은 있었음직한 맥주 캔을 발견했다. 평소 술을 즐겨하지 않는 태울이었지만 제안서 작업을 미뤄둔 채 맥주 캔을 땄다. 주말 저녁 혼자인 집 안은 조용했다. 거울에 비친 자신의 모습에 건배를 날리며 맥주 두 캔을 마신 태울은 쏟아지는 피로감에 침대에 엎드려 눈을 감았다.

맑고 푸른 바다 속으로 형형색색의 화려한 산호초가 훤히 들여다보이는 해안가에 앉아 있었다. 발 아래로 하얀 포말이 부서지고, 모래 속에서는 손톱보다 작고 투명한 은색으로 빛나는 게 몇 마리가 수줍은 듯 술래잡기를 하고 있었다. 담배를 꺼내 문 태울이 불을 붙이려 할 때, 등 뒤에서 여인의 목소리가 들려왔다.

"아직도 담배를 끊지 못한 게냐?"

고개를 돌려보니 예전에 꿈속에서 만났던 여인이 다시 태울의 앞에 서 있었다.

"건강에 좋지 않으니 담배는 그만 끊는 게 좋으련만."

태울이 깜짝 놀라 일어서며 말했다.

"이런 곳에서 다시 만나뵙게 될 줄은 몰랐습니다."

"장소보다는 맥락이 중요한 게지."

여인의 차분한 목소리를 듣고 태울은 자신의 마음도 차분해짐을 느꼈다.

"그런데, 무슨 고민을 그리도 하고 있는 게냐?"

마치 독심술이라도 하는 듯 태울의 고민을 알아본 여인에게 태울이 답했다.

"사업이 마음처럼 잘 되지 않고, 진상 고객들에 넌더리가 납니다. 좀 지치기도 하고, 고객들과 생기는 갈등을 어떻게 해결해야 할지 모르겠습니다."

"'돕고자 하는 마음'이 답이로다."

여인이 온화한 미소를 지으며 말을 계속했다.

"너의 경험과 지식으로 사람들을 돕고자 했던 초심을 잃지 말거라. 골이 깊으면 산 또한 높으리니. 완벽한 인간은 없다. 너 자신을 너무 내세우려 하지 말고, 겸손한 마음가짐으로 항상 노력하거라."

눈을 뜨고 보니 창밖으로 어스름한 먼동이 트고 있었다.

'돕고자 하는 마음이라…….' 태울은 여인의 한 마디 한 마디가 마음에 와 닿았지만 그중에서도 특히 이 말이 가슴에 꽂혔다.

25
종합소득세
추계에 의한 소득세 계산은
어떻게 하는가?

"자, 드디어 종합소득세를 신고할 날이 왔구나."

5월 초순의 어느 날, 박 회계사는 태울을 앞에 두고 또 한 번 세금 강의를 시작했다.

"이제 종합소득세를 신고하는 5월이 되었으니, 작년 1월 1일부터 12월 31일까지 1년간의 수입과 비용을 정리해서 종합소득세가 얼마나 나오는지 한번 계산해보자."

태울은 지난해 10월에 사업을 시작해서 3개월 동안 총 1,400만 원의 매출을 올렸다. 소득 종류에 따라 월별로 표를 만들면 다음과 같다.

태울의 매출

구 분	10월	11월	12월	합 계
기타소득	1,000,000			1,000,000
사업소득	5,000,000	4,000,000	4,000,000	13,000,000
합 계	6,000,000	4,000,000	4,000,000	14,000,000

원천징수 당한 금액

구 분	10월	11월	12월	합 계
기타소득	44,000			44,000
사업소득	165,000	132,000	132,000	429,000
합 계	209,000	132,000	132,000	473,000

실수령액

구 분	10월	11월	12월	합 계
기타소득	956,000			956,000
사업소득	4,835,000	3,868,000	3,868,000	12,571,000
합 계	5,791,000	3,868,000	3,868,000	13,527,000

첫 번째 표는 매출(=수입)이고 두 번째 표는 원천징수를 당한 금액 그리고 마지막 표는 실제 현금으로 수령한 금액이다. 10월의 사업소득 500만 원 중에서 윤하의 부탁으로 사업소득에 대한 원천징수를 하지 않고 (500만 원에서 15%를 차감한) 425만 원을 지급한 게 있으니 태울의 10월 실제 수입은 기타소득 정도뿐이라 하겠지만, 윤하의 세금을 태울이 부담하기로 했기 때문에 태울의 종합소득세 신고 자료에 포함시켜야 하는 것이었다.

박 회계사가 물었다.

"이제 그동안 지출한 비용을 한번 뽑아보자."

"뭐? 갑자기 그렇게 물으면 내가 비용을 어떻게 뽑냐?"

"하하, 그런가? 걱정하지 마. 내가 전문가인데 너를 곤란하게 만들지는 않지. 그냥 대충의 숫자를 일단 한번 뽑아보자고."

박 회계사가 웃으며 말했다.

"사업에 관련해 사용한 비용이 뭐가 있었냐?"

"글쎄 뭐~ 별 신경 안 쓰고 개인카드로 쓰면서 돌아다녔는데……."

박 회계사가 좀 더 구체적으로 물었다.

"개인사업자가 비용 처리를 하려면 자신의 개인카드로 쓴 금액 중 사업을 위한 용도로 사용한 것만 사업비용으로 처리할 수 있고, 개인이나 가계를 위해 지출한 것은 사업비용으로 처리하면 안 되는 거야. 개인사업자의 비용으로 대표적인 항목이 통신비와 교통비, 접대비 정도라고 할 수 있지. 항목별로 작년에 사업한 3개월 동안 얼마나 썼을 것 같니?"

"통신비는 월 10만 원 정도, 교통비도 뭐…… 월 10만 원 정도 썼을 것 같고, 접대비는 글쎄…… 한 40만~50만 원 되려나?"

"매달 40만~50만 원?"

"응."

"그럼 접대비는 50만 원으로 잡고, 통신비랑 교통비를 포함해서 세 가지 항목 합계가 월 70만원이니까 3개월이면 총 210만 원이네. 210만 원이면 매출 1,400만 원의 15%. 그렇지?"

"응, 얼마 안 되는구나. 비용이 얼마 안 되니 소득이 그만큼 많이 잡히겠네?"

"그렇지, 그래서 굳이 비용을 세세하게 정리할 필요가 없다고 말했던 거야. 저번에 간편장부에 대해 얘기하면서 추계에 의한 방법으로 소득세 신고를 할 수 있다고 했던 거 기억나지? 넌 장부 작성을 하지 않고, 추계에 의한 방법으로 소득세를 계산하는 게 더 유리하거든."

박 회계사는 인터넷으로 국세청 홈텍스에 접속하여[그림-1] 기준(단순)경비율 조회 창을 연 다음 '경영컨설팅'이란 단어를 입력하고 [검색] 버튼을 눌렀다.[그림-2] 그러자 경영컨설팅이라는 키워드에 두 개의 업종코드가 조회되었는데, 하나는 경영지도사 자격증이 있는 경우(741401)였으므로 패스하고, 나머지 하나인 업종코드 741400을 선택, 더블클릭하자 [그림-3]과 같은 화면이 나타났다.

[그림-1] 국세청 홈텍스 화면

[그림-2] 기준(단순)경비율 관리

※ 기준경비율
- 업종코드번호를 직접 입력하고 '조회하기'버튼을 클릭하거나
- 업종의 주요 키워드를 입력하고 '검색'버튼을 클릭한 후 선택 조회 가능합니다.
- 업종의 주요 키워드를 입력하실때 예를들어 출장하여 음식을 직접조리, 조달, 제공하는 업종에 대하여 알고 싶으시면 '음식', '음식출장', '음식출장조달업' 등을 입력하시면 됩니다.
- 전년도 기준(단순)경비율은 올해 3~4월 경 이후에 조회가 가능하여 그 전까지는 전전년도 기준경비율로 자동 조회됩니다.

• 귀속연도 2016 업종코드 업종 경영컨설팅 검색 조회하기

귀속연도	
기준경비율코드	
중분류명	
세분류명	
세세분류명	
업태명	
기준경비율(자가율적용여부)	
기준경비율(일반율)	
기준경비율(자가율)	
단순경비율(자가율적용여부)	
단순경비율(일반율)	
단순경비율(자가율)	
적용범위 및 기준	

[그림-3] 기준(단순)경비율 관리

※ 기준경비율
- 업종코드번호를 직접 입력하고 '조회하기'버튼을 클릭하거나
- 업종의 주요 키워드를 입력하고 '검색'버튼을 클릭한 후 선택 조회 가능합니다.
- 업종의 주요 키워드를 입력하실때 예를들어 출장하여 음식을 직접조리, 조달, 제공하는 업종에 대하여 알고 싶으시면 '음식', '음식출장', '음식출장조달업' 등을 입력하시면 됩니다.
- 전년도 기준(단순)경비율은 올해 3~4월 경 이후에 조회가 가능하여 그 전까지는 전전년도 기준경비율로 자동 조회됩니다.

• 귀속연도 2016 업종코드 741400 업종 전문, 과학 및 기술 검색 조회하기

귀속연도	2016
기준경비율코드	741400
중분류명	전문서비스업
세분류명	경영컨설팅 및 공공관계 서비스업
세세분류명	경영컨설팅업,공공관계 서비스업
업태명	전문, 과학 및 기술서비스업
기준경비율(자가율적용여부)	Y
기준경비율(일반율)	28.6000
기준경비율(자가율)	29.0000
단순경비율(자가율적용여부)	Y
단순경비율(일반율)	70.3000
단순경비율(자가율)	70.0000
적용범위 및 기준	•사업경영 및 관리자문 ·사업 및 경영의 자문, 지도, 조언, 안내등 서비스 • P·R, 자료처리 및 품질관리(→729000), 세무상담(→741201, 741202) 프로그램 및 컴퓨터 자문서비스(→721000) •경영지도사(→741401) •중재 및 공공관계 서비스 ·공공관계 서비스를 제공하는 업으로서 고객과의 관계를 개선하기 위하여 수행하는 이미지구축, 여론형성 활동과 로비활동포함(노사간 또는 기업간의 중재 및 조정 서비스 포함

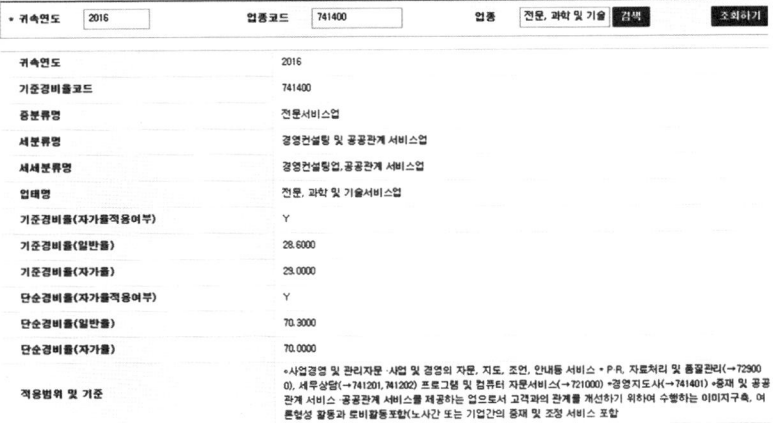

박 회계사가 컴퓨터 화면에 조회된 내용을 가리키며 설명을 계속했다.

"여기 기준경비율, 단순경비율이 나와 있지? 경영컨설팅 업종의 단순경비율(일반율)이 70.3%라고 되어 있잖아. 그러니까 넌 장부에 의한 비용 정리를 안 해도 이 단순경비율(일반율) 70.3%를 적용한 추계의 방법으로 소득세를 신고할 수 있는 거야."

"오, 아까 대충 계산한 15%보다 훨씬 큰 금액을 비용으로 인정받을 수 있겠네?"

"그렇지. 단순경비율을 적용했을 때 소득이 얼마인지 한번 계산해보자. 기타소득 수입은 100만 원밖에 안 되니까 일단 분리과세하는 것으로 빼놓고, 사업소득만 가지고 계산해볼게."

박 회계사는 종이에 다음과 같은 수식을 썼다.

소득 = 수입 - 비용
수입 : 13,000,000원
비용(단순경비율: 70.3% 적용) : 13,000,000 × 70.3% = 9,139,000원
소득 = 13,000,000원 - 9,139,000원 = 3,861,000원

"자, 소득이 구해졌지. 여기에 소득공제를 하면 과세표준이 되는데, 너랑 아내와 딸까지 3명의 가족에 대한 인적공제만 해도 한 사람에 150만 원씩 총 450만 원이야. 소득보다 공제할 금액이 더 많네? 그러니까 과세표준은 0원이 되는 거야."

"그럼…… 나, 세금 하나도 안 내도 되는 건가?"

"바로 그렇지. 그러니 원천징수 당했던 세금도 모두 환급받아야지. 그리고 아까 기타소득이라 분리과세한다고 종합소득세 계산할 때 뺐던 100만 원, 이걸 종합소득에 합산해서 다시 한번 계산해보자."

수입 : 14,000,000원

비용 : 14,000,000 × 70.3% = 9,842,000원

소득 : 14,000,000원 - 9,842,000원 = 4,158,000원

"이때 소득이 4,158,000원으로 계산되는데, 역시 3명의 인적공제로 450만원만 받아도 과세표준은 0원이 되지. 원래 기타소득을 분리과세 하는 게 유리하다고 했던 이유는 기타소득 원천징수 세율 4%가 소득세의 최소세율인 6%보다 작기 때문이었는데, 지금 너 같은 경우에는 기타소득을 합산해서 종합소득을 계산해도 과세표준이 0원이 되니까, 당연히 합산해 신고하고, 기타소득 받을 때 원천징수 당했던 세금까지 모두 환급받을 수 있게 되는 거야."

박 회계사의 설명을 듣던 태울이 살짝 미소를 띠며 말했다.

"이렇게 작년의 사업 결과를 숫자로 정리하면서 돈을 많이 못 번 것 같아 기분 별로였는데, 그나마 그동안 냈던 세금을 다 돌려받을 수 있다고 하니 기분이 좀 낫네. 하하."

"그래, 사업이 잘 돼서 돈도 많이 벌고 세금도 많이 내면 더 좋았겠지. 하하."

박 회계사는 아직 할 말이 남았는지 다시 화면을 가리키며 말했다.

"그리고 여기 단순경비율(자가율)이란 게 있잖아. 이건 단순경비율

(초과율)이라고도 부르는데, 70%라고 되어 있지? 아까 계산할 때 썼던 단순경비율(일반율) 70.3%보다 좀 작아. 이 단순경비율(자가율 혹은 초과율)은 수입이 4,000만 원이 넘을 때 적용하는 거야. 예를 들어, 총 수입이 5,000만 원이라면 4,000만 원까지는 단순경비율(일반율)인 70.3%를 적용하고, 1,000만 원은 단순경비율(자가율)인 70%를 적용하라는 거지."

"음, 수입이 많아지면 비용 인정을 좀 적게 해주겠다는 뜻이구나. 그럼, 그 위에 기준경비율은 뭐고, 어떨 때 쓰는 거야?"

26

사업 2년차의 함정
단순경비율과 기준경비율의 차이

"그래, 이제 이 얘기를 할 때가 됐군. 이 부분이 개인사업자의 세금에서 가장 중요한 부분이야. 많은 사람들이 사업 첫해에 지금 너처럼 단순경비율을 적용한 추계 방법으로 소득세를 계산해보니, 굳이 장부 기장을 안 해도 비용 인정을 많이 받을 수 있고, 세금도 적게 내고…… 그래서 그렇게 쭉 가는 줄 알거든."

박 회계사는 아주 중요한 부분이라며 천천히 이야기를 이어갔다.

"세법에서는 원칙적으로 모든 사업자가 복식부기에 의한 장부기장을 통해 비용 정리를 하고, 그 장부를 5년간 유지 보관해야 한다고 내가 말한 적 있지?"

"어, 그렇지. 그런데 사업 초기나 영세한 사업자의 경우 스스로 복식부기에 의한 장부 작성이 어려우니 간편장부를 작성할 수 있도록 만들었다고 했잖아."

"맞아, 이런 제도를 만든 이유는 영세한 사업자에게 장부기장 의무를 면제해주고 경비율도 후하게 줘서 소득세를 너무 많이 내지 않도록 배려하자는 거지. 하지만 계속 사업을 해서 초보 딱지를 뗀 사업자나 사업을 잘 해서 수입이 많은 사업자에게는 이런 제도를 불리하게 만들어서, 사업이 성장할수록 가급적이면 장부기장을 하는 쪽으로 유도하고 있어."

"그게 기준경비율이라는 것인가? 보니까 기준경비율이 단순경비율보다 작네. 그만큼 비용 인정을 안 해준다는 뜻인 것 같은데?"

"그렇지, 경영컨설팅 업종인 경우 기준경비율의 일반율은 28.6%, 자가율은 29%잖아. 단순경비율 70% 정도에 비하면 그 반도 안 돼."

"그 대상은 어떻게 구분해? 누구는 단순경비율을 적용하고 누구는 기준경비율을 적용하는 거야?"

박 회계사는 태울에게 다음 페이지의 표를 보여줬다.

"이게 단순경비율/기준경비율을 구분하는 기준이야. 너는 업종 구분에서 다항인 맨 아래쪽에 해당되지. 그래서 신규 사업자인 경우 당해년도 수입액이 7,500만 원 이상이거나, 기존 사업자의 경우 직전년도 수입액이 2,400만 원 이상이면 기준경비율을 적용해야 하는 거야."

"야, 사업한 지 1년 됐다고 수입 7,500만 원 기준을 2,400만 원까지 확 낮춰버리네. 소득도 아니고 수입을 기준으로 하니 2,400만 원 정도면 금방 넘어갈 것 같은데."

"맞아, 그리고 여기서 간편장부 대상자와 복식부기 의무자를 구분

업종구분	직전년도 수입금익	당해년도 수입금익
가. 농업, 임업, 어업, 광업, 도매업 및 소매업, 부동산 매매업, 아래 나 및 다에 해당되지 아니하는 업	6,000만 원	3억 원
나. 제조업, 숙박 및 음식점업, 전기, 가스, 증기 및 수도사업, 하수, 폐기물처리, 원료재생 및 환경복원업, 건설업, 운수업, 출판, 영상, 방송통신 및 정보 서비스업, 금융 및 보험업, 상품중개업	3,600만 원	1억 5,000만 원
다. 부동산임대업, 서비스업(전문, 과학, 기술, 사업시설관리, 사업지원, 교육), 보건업 및 사회복지 서비스업, 예술, 스포츠 및 여가관련 서비스업, 협회 및 단체, 수리 및 기타 개인 서비스업, 가구내 고용활용	2,400만 원	7,500만 원

간편장부 대상자 구분 기준

업 종	직전연도 수입금액
농업 및 임업, 어업, 광업, 도매업 및 소매업, 부동산매매업 및 아래에 해당되지 아니하는 업	3억 원 미만
제조업, 숙박·음식업, 전기·가스·수도사업, 건설업, 운수업 및 통신업, 금융·보험업	1억 5,000만 원 미만
부동산임대업, 사업서비스업, 교육서비스업, 보건 및 사회복지사업, 사회 및 개인·가사서비스업	7,500만 원 미만

* 단, 부가가치세 간이과세 배제대상인 전문직사업자(변호사, 법무사, 회계사, 세무사 등)와 의사, 치과의사, 한의사, 수의사, 약사 등은 제외(복식부기 의무자임)

하는 기준도 알아둘 필요가 있어. 위 표에서 역시 넌 맨 아래쪽에 해당하니까 그 기준으로 설명하면, 우선 신규로 사업을 시작한 너는 간편장부로 신고하면 유리하고, 계속 사업자인 경우로서 직전년도 수입금액이 7,500만 원 미만이면 간편장부 대상자이고, 그 이상이면 복식부기 의무자가 되는 거야."

"어, 두 표에서 숫자가 같은 게 눈에 띄네. 내 경우에 7,500만 원이라는 숫자가 양쪽에 있는데?"

"그래, 예리하네~. 그 의미는 신규사업자라도 사업이 잘 돼 복식부기 의무자의 수입기준액인 7,500만 원 이상이 되면 돈을 잘 버는 사업자니까 단순경비율로 신고하면 안 되고, 기준경비율로 신고하라는 뜻이지."

"가만 있자. 그럼 나 같은 경우에는 신규사업자로서 간편장부 대상자였지만 장부작성을 안 해서 경비율을 사용한 추계의 방법으로 소득세를 계산했고, 이때 수입이 7,500만 원이 안 되니까 단순경비율을 사용했다는 거네. 그럼 다음해 소득세 신고할 때는 어떻게 되나?"

쉽지 않은 내용을 태울이 제대로 이해하는 것 같자 박 회계사는 흐뭇한 미소를 지으며 말했다.

"다음 해에 넌 계속사업자가 되니까 이제 직전년도 수입기준액인 2,400만 원을 봐야지. 넌 아까 계산해본 것처럼 이번에 기타소득을 합해도 총 수입이 1,400만 원밖에 안 되니까 다음에 한 번 더 단순경비율로 계산할 수 있겠지. 하지만 그 뒤로는 기준경비율로 계산하게 될 거야. 이번에는 3개월분만 계산해서 1,400만 원이었지만, 그 후로 월평균 수입으로 500만 원 정도만 잡아도 1년이면 6,000만 원이 되어버리니까, 간편장부 대상자 구분 기준인 직전년도 수입기준액 2,400만 원을 훌쩍 넘어가서 더 이상 단순경비율을 적용할 수 없게 돼."

"그렇구나. 그럼 기준경비율을 적용할 때 계산은 어떻게 돼? 단순경비율 계산구조와 똑같은가?"

"아니, 좀 달라."

27

세금 폭탄
기준경비율로
추계하는 경우

"기준경비율로 계산할 때는 이렇게 해."

소득 = 수입 - 주요경비 - (수입 × 기준경비율)

"이때 주요경비란 다음 세 가지야. 원재료구입비, 사무실임차료, 인건비. 그런데 너는 1인기업가로 주로 지식서비스를 제공하는 사업이니까 따로 원재료라는 것도 없을 테고, 사무실도 없고, 인건비로 나가는 것도 별로 없으니까, 단순경비율 계산식이랑 수식 자체에 차이는 없겠네. 경비율만 단순경비율에서 기준경비율로 바꾼다면……. 어쨌거나 단순경비율과 비교해서 기준경비율로 계산할 때 얼마나 차이가 나는지 숫자로 한번 비교해보자.

　예를 들어 1억 원의 수입이 있다고 보고, 단순경비율은 그냥 70%로 잡고 계산해보면, 소득은 3,000만 원이 돼."

소득 = 수입 - 비용
수입 : 1억 원
비용(단순경비율 70% 적용): 1억 원 × 70% = 7,000만 원
소득 : 1억 원 - 7,000만 원 = 3,000만 원

"그리고 기준경비율은 대충 30%로 잡고 계산을 해보면, 소득은 7,000만 원이 되지."

소득 = 수입 - 주요경비 - (수입 × 기준경비율)
　　 = 1억 원 - 0원 - (1억 원 × 30%) = 7,000만 원

"세액공제는 없다고 가정하고, 위 두 가지 경우에 부담해야 하는 각각의 소득세액을 계산해볼게. 소득세 계산은 과세표준 구간에 따라 다음 표와 같으니까, 단순경비율로 계산했을 때는 과표 3,000만 원이라 세율은 15% 구간에 해당해서, 소득세는 342만 원이 나오게 돼."

　계산식 : 720,000 + (30,000,000 - 12,000,000) × 15%

"그런데 기준경비율로 계산했을 때는 과표가 7,000만 원이라 세율

과세표준 구간	세 율
1,200만 원 이하	6%
1,200만 원 초과 4,600만 원 이하	72만 원 + 1,200만 원 초과금액의 15%
4,600만 원 초과 8,800만 원 이하	582만 원 + 4,600만 원 초과금액의 24%
8,800만 원 초과 1억 5,000만 원 이하	1,590만 원 + 8,800만 원 초과금액의 35%
1억 5,000만 원 초과	3,760만 원 + 1억 5,000만 원 초과금액의 38%

24% 구간에 해당해서, 소득세가 1,158만 원이 돼."

계산식 : 5,820,000 + (70,000,000 - 46,000,000) × 24%

"단순경비율로 계산했을 때보다 소득세가 네 배 정도 많이 나오는 거지. 그리고 만약 수입 1억 원이 전부 사업소득으로 3.3%의 원천징수를 당했다면 그중 3%가 국세인 소득세니까 (0.3%는 지방소득세) 기납부세액으로 300만 원이 있을 거야. 그러니 단순경비율로 계산한 경우, 추가로 납부해야 할 세금은 42만 원(342만 원 - 300만 원)으로 별 부담이 없겠지만, 기준경비율로 계산하게 되면 858만원(1,158만 원 - 300만 원)이나 되지. 보통의 사업자라면 한꺼번에 800만 원이 넘는 돈을 세금으로 낼 수 있겠냐? 이렇게 되면 사람들이 세금폭탄을 맞았다고 하는 거야."

"허어~. 기준경비율 그거 참 몹쓸 제도로구먼."

"더구나 세금계산서를 발행하는 사업자라면 1년에 네 번(1월 25일, 4월 25일, 7월 25일, 10월 25일) 부가세 납부도 해야 하기 때문에, 사업하면서 돈이 들어오고 나가는 현금 흐름 관리에 신경을 많이 써야 해.

돈 벌었다고 좋아하며 다 써버리고, 막상 세금 낼 돈이 없어서 쩔쩔매는 사업자들이 많아."

"응, 앞으로 수입이 생기면 세금 낼 돈을 미리 떼놓고 아예 손을 안 대는 게 낫겠구먼."

"그러면 좋지. 그리고 지금 말한 기준경비율의 추계방식은 간편장부 대상자만 쓸 수 있고, 만일 복식부기 의무자인데 장부기장을 하지 않고 추계에 의한 방식으로 신고한다면 이 기준경비율을 반만 적용하라고 해서 더 가혹하게 비용 인정을 안 해주고 있어. 수식으로 표현하면 이렇게 돼. 뒤에 있는 '1/2'이 간편장부 대상자가 사용하는 수식과 다른 거야."

복식부기 의무자의 기준경비율에 의한 추계방식

소득 = 수입 - 주요경비 - (수입 × 기준경비율 × 1/2)

"참고로 한 가지 더 얘기해주면, 복식부기 의무자가 되면 '사업용계좌'를 만들어야 해. 사업에 관계되는 입출금을 모두 이 계좌를 통해 사용하겠다고 세무서에 신고하는 건데, 여러 개 만들어도 상관은 없지만 신고하지 않은 계좌로 거래를 하게 되면 가산세를 내야 해. 뭐 꼭 복식부기 의무자가 아니더라도, 개인 용도로 쓰는 계좌와 구분해서 사업에 대한 현금흐름을 관리하기 위한 별도의 계좌를 만들어 관리하는 게 가계자금과 사업활동의 자금을 구분해 정리하는 데 도움이 되니까 너도 그렇게 해라."

28
절세비법?
비용을 최대한
인정받는 게 답이다

"그래 알았어. 그런데 와~ 네 설명을 들어보니 기준경비율로 추계 신고하는 일이 생기면 안 되겠네. 그런 일이 안 생기게 하려면 어떻게 해야 하는 거야?"

"제대로 복식부기에 의한 장부 작성을 해야지. 그리고 실제 비용으로 쓴 내용을 착실히 잘 정리해두는 거지."

"지난번 윤하 씨 건도 생각해보니 내가 인건비로 비용 처리를 하기 위해서는 그렇게 해주면 안 되는 거였나? 인건비로 지출했다는 증빙이 없으니 비용 처리를 못하는 거잖아."

"맞아, 이번에는 다행히 네 과세표준이 0원으로 나왔으니 최적의 절세 케이스가 되긴 했다만, 다음에는 상황이 바뀌어 기준경비율로 추계

신고를 해야 한다던가 장부작성에 의해 비용 인정을 받아야 할 때를 생각하면 그때는 가능한 한 비용으로 처리하는 게 좋아."

태울은 고개를 끄덕이며 물었다.

"또 다른 절세비법 같은 건 없냐?"

"절세라……. 뭐 특별한 비법은 없어. 괜히 어쭙잖게 세테크한다고 법을 요리조리 피해가려다가 지뢰를 밟을 수도 있으니까. 그리고 세금 관계를 잘 몰라서 제대로 계산한 세금을 제때 못 내면 나중에 각종 가산세를 내야 할 경우가 생기기도 해. 그런 일이 생기지 않도록 미리 준비하고 잘 정리하는 게 최선의 절세비법이라고 할 수 있겠지."

"아, 그래. 난 너만 믿으마. 하하."

"그리고 장부기장을 하면 좋은 점이 있어. 보통 사업자들이 종합소득세 신고를 해야 하는 5월이 되어서야 절세에 대한 고민을 하는데, 그때는 이미 해가 바뀌었잖아. 그러니 시기적으로 뭔가를 조정할 수 있는 여지가 거의 없지. 하지만 장부 작성을 통해 자신의 사업수지에 대해 매월 마감 자료를 검토하면서 정확히 알게 되면 해가 바뀌기 전에 미리 숫자를 조정할 수 있는 여유가 생기지."

"그게 무슨 말이야? 숫자를 조정하다니?"

"절세라는 건 다름 아니라 비용을 최대한으로 인정받아야 한다는 거잖아. 수입에서 비용을 빼면 소득이니까. 그런데 세금 아끼자고 수입을 줄일 수는 없지 않겠어? 그러니 비용을 늘려야지. 만약 12월쯤 되었는데, 비용이 부족하다고 생각되면 다음해 1~2월쯤 사용할 예정인 비용을 당겨서 미리 비용 처리하는 방법도 생각해볼 수 있지."

"아하~ 그런 방법도 가능하겠군."

"하지만 이 방법은 비용의 귀속년도만 바꾸는 거지. 결국 다음 해 비용을 올해로 당기면 다음 해에는 그만큼 비용을 덜 쓰게 되니까 올해 절감한 세금을 고스란히 다음 해에 더 내야 할 수도 있어."

"음. 그래도 다음 해에는 또 그때 방법을 고민하면 되겠지 뭐~. 당장 이번에 세금을 줄이는 게 더 급하잖아. 하하."

박 회계사는 태울의 말을 웃음으로 받아 넘기며 말했다.

"그리고 세법에서는 규정을 못 지키는 사업자에게 가산세라는 벌을 주지만 반대로 모범적인 사업자에게는 세액감면이라는 상도 줘. 예를 들어 간편장부 대상자가 복식부기로 기장하면 산출세액의 20%를 세액공제해주고 있어. 그러니 우리는 올해부터 복식부기로 장부 작성을 하도록 하자."

"어, 그래. 그렇게 해줘. 그러면 너한테 매달 비용은 얼마씩 주면 될까?"

"응. 회계사나 세무사가 사업자의 장부 작성을 대행해주면서 사업자에게 청구하는 비용을 기장대행 수수료라고 하는데 매월 세금계산서로 청구할게. 금액은 일반적으로 받는 금액 정도로 하자. 서로 부담 안 되게."

"그래, 고맙다."

태울은 집으로 돌아가 박 회계사의 설명을 들으면서 잔뜩 메모한 내용을 다음과 같이 다시 정리했다.

태울의 세무노트 - 05

- 단순경비율/기준경비율 적용 기준

업종구분	직전년도 수입금액	당해년도 수입금액
가. 농업, 임업, 어업, 광업, 도매업 및 소매업, 부동산 매매업, 아래 나 및 다에 해당되지 아니하는 업	6,000만 원	3억 원
나. 제조업, 숙박 및 음식점업, 전기, 가스, 증기 및 수도 사업, 하수, 폐기물처리, 원료재생 및 환경복원업, 건설업, 운수업, 출판, 영상, 방송통신 및 정보 서비스업, 금융 및 보험업, 상품중개업	3,600만 원	1억 5,000만 원
다. 부동산임대업, 서비스업(전문, 과학, 기술, 사업시설 관리, 사업지원, 교육), 보건업 및 사회복지 서비스업, 예술, 스포츠 및 여가관련 서비스업, 협회 및 단체, 수리 및 기타 개인 서비스업, 가구내 고용활용	2,400만 원	7,500만 원

- 간편장부 대상자/복식부기 의무자 구분 기준

  위 표의 오른쪽 끝 기준금액에 따르나, 이때에는 직전년도 수입금액 기준임
- 단순경비율은 신규사업자이거나 계속사업자의 직전년도 수입금액이 위 표의

  기준금액에 미달하는 경우 사용
- 기준경비율은 단순경비율 사용 기준 이상의 사업자와 복식부기 의무자가

  추계에 의해 신고할 때 사용

  ▶ 구분 사례 : 업종구분 다항인 경우

  - 직전년도 수입이 2,400만 원 미만이면 [단순경비율]
  - 직전년도 수입이 2,400만 원 이상~7,500만 원 미만이면

    [간편장부 대상자]로서 [기준경비율] 사용
  - 직전년도 수입이 7,500만 원 이상이면

    [복식부기 의무자]로서 [기준경비율] 사용

  ※ 이때 기준경비율은 반(1/2)만 인정해줌
- 절세비법 : 제때 제대로 세금 신고/납부하는 게 최선의 절세
- 연말에 다음 해 쓸 예정인 비용을 미리 집행하는 방법을 고려해볼 수 있음

2부 인생 역정(歷程) 141

29
접대비 한도가 있다던데?

　태울은 처음으로 종합소득세를 계산해보면서 비용 처리를 제대로 하고, 가능한 한 많은 비용을 인정받는 것이 절세에 도움이 된다는 사실을 알게 되었다. 그리고 자신의 경우 가장 큰 비용 항목은 아무래도 접대비라는 것도 알게 되었다.

　그렇지 않아도 본격적으로 사업을 전개해 나가자니 이곳저곳 먹고 마실 일이 생기곤 했는데, 깜빡하고 영수증을 제대로 챙겨두지 못한 경우도 많았다. 그러나 이제는 장부 작성도 해야 하니 영수증을 제대로 챙기자고 마음먹었다.

　어느 날 저녁 태울은 동업을 제안했던 친구 황기철과 저녁 자리를 갖게 되었다.

"태울아, 내가 영업해주겠다고 했었지? 내가 거래하고 있는 업체에 마침 좋은 기회가 생겨 네 얘기를 했더니 한번 보자고 하더라. 어때 관심 있어?"

"고마워. 당연히 관심 있지. 어떤 회사인데?"

"마침 회사가 이 근처야. 아직 그리 늦은 시간은 아니니까 담당자가 회사에 있을지도 모르겠다. 말 나온 김에 지금 바로 전화 한번 해볼게."

"어, 갑자기 이런 시간에…… 무리 아닌가?"

"괜찮아, 괜찮아."

기철은 밖으로 나갔다가 잠시 후 상기된 표정으로 돌아왔다.

"마침 이 근처에서 저녁 먹고 있는데, 이제 자리를 옮겨 2차로 한 잔 할 거라고 한다. 우리도 조인하자."

"뭐? 이거 번갯불에 콩 볶게 생겼네."

"사업이란 게 다 뭐 그런 거지. 술 한 잔 나누면서 서로 툭 터놓고 얘기하다 보면 이야기도 술술 풀리게 마련이고. 그러니 너는 나만 믿고 따라와라."

태울은 기철에 이끌려 멀지 않은 곳에 있는 일본식 선술집으로 자리를 옮겼다. 그곳에는 기철이 소개해주겠다던 회사 임원 세 명이 자리를 잡고 있었는데, 인사를 나누면서 명함을 받아 보니 영업1·영업2부장과 인사부장의 직함을 가지고 있었다.

세 사람은 마침 식사를 겸한 간단한 술자리가 끝났으니 자리를 옮겨 한 잔 더 하자고 했다. 그래서 다시 자리를 옮겨 다섯 명은 은은한 조

명이 아름다운 고급 술집에 자리를 잡았다.

양주를 마시면서 태울을 제외한 네 명은 시끌벅적하게 웃고 떠들었다. 처음 명함을 주고받으며 인사를 나눌 때 잠깐 태울이 하는 일이 어떤 것인지 묻기는 했지만, 그 이후로 누구도 태울의 컨설팅 사업에 대한 이야기를 꺼내지 않았다.

태울은 성격상 이런 상황에서 자기를 드러내는 게 불편하기도 해서 그저 다른 사람들의 이야기를 조용히 듣고만 있었다.

한참 부어라 마셔라 하던 사람들은 이제 꽤 취한 듯했다. 기철이 혀가 꼬부라진 소리로 말했다.

"부장님들~ 3차 갑시다. 내 좋은 곳으로 모실 테니."

그러자 모두들 화장실부터 좀 들렀다가 가자며 비틀비틀 몸을 일으켰다. 기철이 그들을 따라 나서며 태울에게 속삭이듯 말했다.

"여기는 네가 계산 좀 해라. 3차는 내가 쏠 테니까."

태울은 사람들이 화장실에 간 사이 계산을 마치고 밖에서 기다리다가 비틀거리며 나오는 기철을 붙잡고 조용히 말했다.

"난 이제 그만 가볼게. 3차는 나 빼고 가라."

그러자 기철이 눈을 크게 뜨고 말했다.

"야, 무슨 소리야. 이제부터가 시작인데. 역사는 밤에 이루어진다고! 내가 이렇게 자리를 마련해줬으니, 일단 분위기가 무르익으면 네가 하고 싶은 얘기 다 할 수 있어. 이런 기회를 놓칠래?"

"미안해. 난 술이 약해서 더 이상 못 마시겠어. 오늘 고마웠다. 내일 연락할게."

태울은 소매를 붙잡는 기철을 조용히 뿌리치고 걸음을 옮기며 생각했다.

'그만하면 됐다. 끝까지 가봐야 그냥 술자리일 뿐이다. 뭐가 될진 모르겠지만 그 한 가닥 희망에 몸과 영혼과 돈을 버리고 싶지 않다.'

집에 돌아온 태울은 경비로 처리할 수 있는 접대비에 한도가 있다는 데 생각이 미쳤다. 하지만 그 한도가 정확히 얼마인지 궁금했다. 잠시 인터넷 검색을 통해 소득세법 제35조에서 [접대비의 필요경비 불산입]이라는 내용을 찾았다.

이 조항을 보니 개인사업자의 접대비 한도로 두 가지가 적혀 있는데, 하나는 연간 1,200만 원(단, 사업기간이 12개월이 안 되면 사업월수를 곱하고 이를 12로 나누어 산출한 금액)이라는 것과, 또 하나는 수입금액에 따른 적용률로 수입금액이 100억 원 이하면 1만분의 20 즉, 0.2%를 적용한 금액이라는 것이었다.

따라서 태울이 연간 경비로 처리할 수 있는 접대비 한도는 최소 1,200만 원에서 최대 연간 매출액의 0.2%에 해당하는 금액을 더한 금액이 된다. 예를 들어, 1억 원의 매출을 올렸다면 그 0.2%는 20만 원이니 이를 합해서 1,220만 원이 최대 한도라고 계산되었다.

'한 달에 100만 원 정도는 접대비로 쓸 수 있겠군.'

태울은 오늘 같은 접대를 계속했다간 접대비 한도를 초과해서 경비 인정을 받지 못하는 경우도 생길 수 있겠다는 생각이 들었다.

태울의 세무노트 - 06

● 접대비 한도

   1) 개인사업자의 경우 연간 1,200만 원

   (단, 사업기간이 12개월 미만인 경우: 1,200만 원 × 사업월수/12개월)

   2) 수입금액에 따른 적용률

   매출이 100억 원 이하인 경우: 매출액의 1만분의 20(0.2%)

   위 1) + 2) 로 계산한 금액이 접대비 한도

30
아르바이트 원천징수 꼭 해야 하나?

　태울은 컨설팅을 하면서 가능하면 실제 경험을 통해 확실히 알고 있는 지식을 주로 활용하고자 했지만 다양한 고객들을 만나다 보니 경험만으로는 부족한 부분이 있어 끊임없이 공부하며 관련 사례를 찾아보곤 했다. 그런데 최근 시작한 프로젝트에서는 국내에 비슷한 사례가 없어 외국 사례를 찾았는데, 관련 자료를 찾기가 쉽지 않았다.
　고민하던 태울은 대학생 후배에게 도움을 구해보기로 하고 모교의 경영학과 사무실로 전화를 걸었다. 자신을 소개하고 상황을 얘기하니, 과사무실 직원도 반갑게 응대하며 재학 중인 후배를 연결해주었다.
　연결된 후배에게 하버드 비즈니스 리뷰를 포함하여 외국의 유명 대학과 연구기관의 방대한 케이스 스터디 자료를 검색하고, 그중 유용한 자료를 파일로 다운받아주면 된다고 아르바이트의 내용을 설명했다. 후배는 자신의 공부에도 도움이 많이 될 것 같다며 흔쾌히 도와주겠다고 했다. 일주일 정도 작업하기로 하고 그에 대한 보수는 30만 원으로 합의를 했다.

일주일 뒤 후배가 이메일로 보내온 자료는 아주 만족스러웠다. 태울은 약속한 돈을 송금하기 전에 박 회계사에게 전화를 걸었다.

"이번에 아르바이트를 한 명 썼어. 보수로 30만 원을 지급하기로 했는데, 얼마를 원천징수하고 주면 될까? 또 너한테 알려줘야 할 내용은 뭐가 있어?"

박 회계사가 물었다.

"알바는 누군데?"

"어, 학교에 부탁해서 소개받은 대학생 후배."

"며칠 일했는데?"

"한 일주일 했지."

"그럼 원천징수는 안 해도 돼. 그래도 세무서에 일용근로소득 지급명세서 제출하고, 또 관할 고용센터에 일용근로내역확인서를 제출해야 하니까, 주민등록번호하고 주소, 이름, 연락처를 알려줘."

"응? 모든 소득에는 세금이 붙는 거 아닌가? 나 예전에 알바 할 때도 세금으로 얼마씩 떼고 받았는데."

"잘 모르고 원천징수하는 경우도 많은데, 일용근로자는 하루 지급액 10만 원까지는 '근로소득공제'를 해주니까, 원천징수를 하지 않아도 돼."

"알바가 일용근로자야?"

"3개월 미만의 기간 동안(건설공사에 종사하는 경우 1년 미만) 근로를 제공하면서 근로한 시간이나 일수에 따라 급여를 계산하여 받는 사람을 일용근로자라고 하지. 이때 3개월이라 함은 계속 근로에 상관없이, 즉 한 달에 하루만 일해도 3개월에 세 번 일하면 총 3개월이라고 보는 거니까 그때는 일반근로자로 보게 돼."

"이번 경우에는 해당이 안 되겠지만, 만약 일당이 10만 원이 넘으면?"

"그때는 10만 원을 초과한 금액에 6%의 소득세를 계산해 원천징수를 하지. 그리고 '세액공제'로 그 소득세 금액의 55%를 또 감면해줘."

"만약 일당이 15만 원이면 어떻게 계산되는 거야?"

"일당 15만 원에서 먼저 근로소득공제로 10만 원을 빼면 남은 5만 원이 과세대상 급여야. 이 5만 원에 소득세율 6%를 적용하면 소득세는 3,000원이 계산되는데, 이렇게 산출된 소득세의 55%를 세액공제해주니까, 결국 3,000원의 45%인 1,350원이 원천징수할 소득세가 되는 거지. 이렇게 일당이 10만 원이 넘으면 꼭 원천징수를 해야 해. 원천징수 대상자인데 원천징수를 하지 않으면 원천징수불성실가산세(미납부세액에 1일당 3/10,000을 곱한 금액 + 미납부세액의 3%)를 내야 해."

"그래, 이것저것 귀찮으니 일당을 10만 원이 넘지 않도록 해야겠네."

"아, 그런데 소액부징수제도라는 게 있어. 만일 실제 납부할 하루당 원천징수 소득세가 1,000원 미만이면 원천징수를 하지 않아도 된다는 거야. 소액이니까 부(不)징수한다는 뜻이지. 그래서 이걸로 역산해 보면, 일당 13만 7,000원까지는 원천징수를 하지 않아도 된다는 계산이 나오지."

박 회계사는 이에 덧붙여 일용근로소득은 기타소득과 마찬가지로 분리과세되는 소득이라는 점을 말해주었다.

일 당	150,000	137,000
근로소득공제	100,000	100,000
과세소득	50,000	37,000
소득세(6%)	3,000	2,220
세액공제(55%)	1,650	1,221
납부할 세액	1,350	999

태울의 세무노트 - 07

- 아르바이트 비용 처리
  일용근로자(3개월 미만의 기간 동안 근로를 제공하면서 근로한 시간이나 일수에 따라 급여를 계산하여 받는 사람, 건설공사에 종사하는 경우 1년 미만)
- 일당 10만 원까지는 원천징수 없음.
- 일당 10만 원 초과 시 계산법
  - 과세소득: 10만 원 초과금액의 6%
  - 납부할 세액: 과세소득 × 45%
- 소액부징수 제도: 납부할 세액이 1,000원 미만이면 세금 면제.
  그래서 일당 13만 7,000원까지는 원천징수를 하지 않아도 됨.

31

응능부담의 조세원칙
이름이 다르면
부담할 세금도
다른 게 정의로운 것인가?

"아, '소액부징수'라……. 그런 좋은 제도가 있었군. 그런데 갑자기 궁금한 게 또 생기네. 만약 3개월 미만의 짧은 기간 동안 일하는 경우가 생겼고, 이때 소득을 근로소득이나 사업소득, 기타소득 혹은 일용근로소득(아르바이트) 중 어느 하나를 선택할 수 있다면 어떤 게 가장 세금을 적게 내는 방법일까?"

"하하, 무슨 생각으로 그런 질문을 하는지 알겠다. 너도 그쪽으로 참 머리 회전이 빠르구나. 아니면 호기심이 많은 건가? 아마도 네가 생각한 것처럼 짧은 기간이라면 일용근로자 형태로 돈을 받는 게 세금이 제일 적게 나오겠지. 일단 10만 원을 근로소득공제해주고, 또 세액공제를 55% 해주니까."

태울이 알겠다는 듯 고개를 끄덕이며 말했다.

"역시 그런가?"

"근로소득과 사업소득은 어차피 종합소득으로 합산해야 하니까 돈을 지급받을 때 얼마를 원천징수 당하는지는 크게 중요하지 않아. 결국은 합산해서 소득세법에 정한 소득세율로 계산해서 추가로 납부하거나 환급받는 과정을 거치게 되니까."

태울은 다시 한 번 고개를 끄덕이며 물었다.

"그런데 일용근로소득과 기타소득은 둘 다 분리과세되는 소득이기 때문에 얼마나 세금을 부담하는지 직접적으로 비교가 가능하겠네?"

"그렇지. 소액부징수의 경우를 반영해 일당으로 13만 원을 받는 일용근로자를 한번 생각해볼까? 이 사람이 한 달에 25일 일한다고 보면 월수입은 (13만 원 × 25일) 325만 원이 되겠지. 이렇게 1년을 일한다면 3,900만 원의 수입인데, 아까 얘기한 대로 일당이 13만 원인 경우에는 납부할 세액으로 792원이 계산되지만, 소액부징수 제도가 적용돼 세금을 면제해주니까 결국 납부할 세금이 하나도 없는 거지. 반면에 기타소득을 받는 누군가가 똑같이 매월 325만 원의 수입으로 1년에 3,900만 원의 수입을 얻는다면, 그 사람은 세금으로 4.4%인 171만 6,000원을 1년 동안 원천징수 당하겠지."

태울은 알 듯 모를 듯 고개를 갸웃거리며 혼잣말처럼 나지막한 목소리로 말했다.

"이렇게 소득의 종류가 다르다고 세금 부담액이 달라지는 게 맞는 건가? 똑같은 돈을 벌면서 누구는 200만 원 가까운 세금을 내고, 다른 누구는 세금을 한 푼도 안 낼 수 있다는 게?"

박 회계사는 태울의 얘기에 맞장구를 치며 말했다.

"그래 맞아, 그래서 '응능부담(ability-to-pay)의 원칙'이라는 조세원칙이 있어. 과세를 함에 있어 납세자의 부담능력에 맞게 공평한 과세를 해야 한다는 거지. 응능부담의 원칙은 조세평등 혹은 조세정의를 실현하기 위해 필요한 원칙인데, 수평적 공평과 수직적 공평의 두 가지 기준으로 나누어 생각해볼 수 있어. 수평적 공평은 동일한 부담능력을 가진 사람은 동일한 부담을 해야 한다는 것이고, 수직적 공평은 더 큰 부담능력을 갖춘 사람은 보다 많은 부담을 해야 한다는 뜻이지. 그래서 수직적 공평을 달성하기 위해 직접세인 소득세가 누진세율 구조로 되어 있는 거야."

"그렇다면 수평적 공평을 달성하기 위해서는? 이렇게 기타소득자와 일용근로자가 같은 소득을 벌지만 세금부담에서는 차이가 많이 난다면 이건 수평적 공평이 아니지 않나?"

"각자가 처한 상황이 다르잖아. 예를 들어 혼자 벌어 혼자 쓰는 1인 가구와 혼자서 4인 가족의 경제를 책임지고 있는 가장이 있다고 해봐. 두 사람이 똑같은 돈을 번다고 똑같은 세금을 내게 하면, 4인 가족의 가장으로서는 가족들 뒷바라지하느라 쓸 돈이 많이 필요한데 상대적으로 좀 억울하지 않겠어?"

"어, 그래서?"

"하하, 뭐가 그래서야. 일용근로자는 고용관계가 불확실해서 경제적으로 취약한 부분이 있기 때문에 그런 부분을 고려한 조세정책이라는 거지."

태울은 고개를 끄덕이며 이해했다는 표시를 했지만, 박 회계사는 좀 더 얘기를 이어갔다.

"세상에 완벽한 법과 제도가 어디 있겠냐? 세법도 마찬가지야. 법을 만든 사람들이 아무리 뛰어나다 해도 모두를 만족시킬 수 있는 세법을 만들기는 쉽지 않지. 더구나 시대와 상황에 따라 세법이 계속 개정되다 보니, 내용이 점점 복잡해지고 법전은 누더기처럼 돼가고 있어. 그래서 공부하는 사람 입장에서 어려운 점도 있지."

"하하, 그러니 너 같은 전문가의 도움이 필요한 것이겠지. 그런데 이거, 세금 전문가들이 밥 벌어먹으려고 일부러 세금을 더 어렵게 꼬고 있는 건 아닐까? 갑자기 그런 의심이 드네?"

"야, 그건 또 웬 음모론이냐. 세법이 자꾸 개정되면 우리도 따라가느라 힘들어~. 음모가 있건 없건 그건 나랑 상관없다."

"그래, 네 주제에 그런 음모에 가담했을 리는 없겠지. 하하."

두 사람은 웃으며 통화를 끝냈다. 태울은 메모장을 펴 다음과 같은 메모를 남겼다.

태울의 세무노트 - 08

- 응능부담의 원칙: 납세자의 부담능력에 따라 공평한(즉, 차별한) 과세를 해야 한다는 조세원칙.
  - 좋은 얘기인 것 같긴 한데, 완전무결한 조세평등을 실현할 수 있는 제도는 없을 듯.
  - 그런데 이런 세법을 만든 사람들은 세금을 제대로 내고 있을까? 세금에 대해 누구보다 잘 알고 있으니, 실수 없이 잘 내고 있겠지?

박 회계사가 태울의 저 메모를 보았다면 마지막 문장 뒤에 이런 코멘트를 했을 것이다.

'순진한 친구야.'

32 분리과세되는 소득 세 가지

태울은 박 회계사에게 세금에 대해 들으면서 중요한 내용은 메모를 하는 등 예전에 미처 몰랐던 많은 것을 알게 되었지만, 책으로 잘 정리된 내용을 한 번 읽어보면 전반적인 내용을 파악하는 데 더욱 도움이 되겠다고 생각하고 서점에 들러 눈에 들어온 책을 한 권 구입했다.

책을 읽다 보니 분리과세되는 소득에 다음의 세 가지가 있다는 것을 알게 되었다.

01 기타소득으로 연간 300만 원까지
02 일용근로소득
03 금융소득으로 연간 2,000만 원까지

앞의 두 가지는 익히 알고 있었지만 세 번째의 금융소득에 대해서는 책을 통해 처음 알게 되었다. 금융소득에는 이자소득과 배당소득이 있다고 하는데, 주식에 투자해 배당을 받지 않는다면 은행에 맡긴 돈의 예금 이자만으로 연간 2,000만 원의 이자소득을 얻어야 하니, 정기적금 이자율로 3%를 가정하더라도 6억 6,000만 원 이상의 현금성 예금을 보유해야만 가능한 소득이라고 계산되었다.

'휴우~ 이 정도 현금성 자산을 보유하고 있는 사람이 세상에 얼마나 될까? 나랑은 먼 세상의 일이로군.'

33

유혹
절세와 탈세의 경계선

기철에게서 전화가 왔다.

"태울아, 손 안 대고 돈 버는 법 알려줄까?"

"뭐? 그런 게 어딨어?"

"짜식~ 너는 초보라 잘 모르겠지만, 사업의 세계는 깊고도 오묘한 거야."

기철의 얘기는 세금부담 때문에 매입자료를 원하는 사업자에게 가공의 세금계산서를 발행해주고 수수료를 받는 방법에 대한 것이었다.

"너 과표구간이 어디야? 한 15%쯤 되나?"

"작년에 사업 시작해서 과표가 0원이었고, 올해는 아마 그쯤은 되겠지? 희망사항이다. 하하."

"그럼 내가 소개해주는 업체에 공급가액을 2,000만 원으로 해서 세금계산서 하나 발행해주라. 그럼 400만 원을 현금으로 줄 거야."

"일은 안 하고 그냥 세금계산서만 발행하라고? 그리고 그 수수료로 400만 원을 준다고?"

"그렇지, 이게 손 안 대고 돈 버는 방법 아니고 뭐냐?"

태울은 생각할 시간을 좀 달라며 전화를 끊고 생각에 잠겼다. 400만 원을 받아도 비용은 전혀 없이 소득이 2,000만 원이 증가하니 그만큼 소득세를 더 내야 할 것 같았다. 정확한 숫자를 알아보기 위해 표를 그려 계산을 해보았다.

태울의 소득세 계산

구분	기준	수정	차액
수입	40,000,000	60,000,000	20,000,000
비용	20,000,000	20,000,000	0
소득	20,000,000	40,000,000	20,000,000
소득세	1,920,000	4,920,000	3,000,000

먼저 수입은 4,000만 원으로 가정하고 비용은 수입의 50%인 2,000만 원, 그래서 소득을 2,000만 원으로 가정했다. 소득공제는 일단 없는 것으로 가정하고 과표가 1,200만 원에서 4,600만 원 사이에 있으므로 15% 구간이다. 따라서 소득세를 계산하면 192만 원이 나왔다.

(15% 구간의 소득세 구하기: 72만원 + 1,200만 원 초과금액의 15%)

이제 기철이 얘기한 대로 2,000만 원의 세금계산서를 발행한다면 수입은 6,000만 원이 되지만 비용은 그대로다. 이렇게 소득이 4,000만 원이 될 때의 소득세를 계산해보았다. 여전히 과표는 15% 구간이므로 소득세 구하는 수식은 달라질 게 없어서 소득세는 492만 원으로 계산되었다. 원래의 소득세 계산 결과인 192만 원에 비해 300만 원이 증가한 것이다. 그러니 세금계산서 발행에 대한 수수료로 400만 원을 받는다면, 증가한 소득세 300만 원을 내고도 100만 원이 남는 장사란 의미다.

태울은 '이거 괜찮은데' 하고 생각했다. 더구나 소득세 납부는 1년 뒤에나 하면 되는 것이니, 당장에 쓸 수 있는 400만 원이라는 돈은 적지 않은 유혹이 되었다.

한편 상대방은 얼마나 절세를 할 수 있기에 400만 원씩이나 주고 가공의 세금계산서를 구매할까 하는 생각이 들어 세금계산서를 구매하려는 사업자 입장에서도 한번 계산을 해보았다.

세금계산서 구매 사업자의 소득세 계산

구 분	기 준	수 정	차 액
수 입	500,000,000	500,000,000	0
비 용	250,000,000	270,000,000	20,000,000
소 득	250,000,000	230,000,000	-20,000,000
소득세	41,760,000	34,160,000	-7,600,000

소득세 절감효과를 크게 보려고 하는 사업자라면 세율이 가장 높은 38% 구간일 것으로 생각하고, 연매출 5억, 비용은 그 50%인 2억 5,000만 원, 그래서 소득을 2억 5,000만 원으로 가정했다. 소득공제는 역시 없는 것으로 보고 소득세를 계산해보니 4,176만 원이 나왔다.

(38% 구간의 소득세 구하기: 3,760만 원 + 1억 5,000만 원 초과금액의 38%)

이제 2,000만 원의 가공 세금계산서를 받아 비용으로 처리하게 되면 소득이 2억 3,000만 원으로 줄게 되니, 이때 소득세는 얼마나 줄어드는지 계산해 보았다. 계산된 소득세는 3,416만 원, 따라서 760만 원의 절세효과를 보는 것으로 계산되었다.

이 사업자 입장에서는 태울에게 400만 원을 주더라도 760만 원의 절세효과를 볼 수 있으니 그 차액인 360만 원의 이익을 보는 것이었다. 태울 역시 추가로 납부해야 할 세금을 제외하고도 100만 원의 이익을 볼 수 있으니, '누이 좋고 매부 좋은 일이 아닌가' 하는 생각이 들었다.

혹시 이런 생각에 논리적 오류나 모순은 없는지 태울은 박 회계사에게 확인을 받고 싶어 전화를 걸었다.

"뭐? 그건 가공 세금계산서잖아. 아서라~ 잘못되면 패가망신한다."

박 회계사는 태울의 얘기에 깜짝 놀라며, 그래서는 안 된다고 꾸짖었다.

"실제 거래가 없는데 세금계산서를 발행하거나 실제 거래보다 부풀린 금액으로 세금계산서를 발행하는 것을 가공 세금계산서라고 해. 그리고 실제로는 A와 B가 거래를 했지만 세금계산서를 C에게 발행하거나 C로부터 발행받는 등 제3자를 통해 주고받는 세금계산서는 위장 세금계산서라고 하지. 이런 세금계산서를 팔며 수수료를 받는 사람을 자료상이라고도 하는데, 네가 지금 자료상을 하겠다는 거야. 그런데 이거 잘못하다간 요절난다고."

태울은 박 회계사가 언성을 높이는 것이 쉽게 이해가 되지 않아 물었다.

"내 입장에서는 증가된 소득에 대해 소득세를 다 내니 큰 문제 될 일은 아닐 것 같은데, 이게 불법인가?"

"그럼 당연히 불법이지. 발각되면 세무조사 받고, 세금 폭탄에, 조세범으로 몰리면 가산세와는 별도로 3년 이하의 징역을 받거나 탈세액의 세 배 이하의 벌금을 물어야 해."

"아~, 그런 거야? 쉬운 일이 없군."

"아쉬워하지 마라. 네가 이런 일에 대해 현실감이 없는 모양인데, 이런 가짜 세금계산서를 발행한 사업자는 공급가액의 2%를 가산세로 물고, 가짜 세금계산서를 통해 납부한 부가가치세는 환급도 안 해주고, 매출로도 인정받지 못해. 그리고 가짜 세금계산서를 받은 사업자도 그로 인해 문제된 부가세는 물론이고 가산세로 2%, 부당과소신고가산세로 40%, 그리고 경과일수에 대한 납부불성실가산세까지…… 세금폭탄이야. 어디 그뿐이냐. 개인사업자라면 소득세, 법인사업자라면 법인세와 대표이사에 대한 소득세에 대해서도 다시 계산해서 추징하고 또 가산세까지 내야 해."

"어휴~ 말만 들어도 벌금이나 가산세가 어마어마하군."

박 회계사는 태울이 포기한 것 같자 안심하며 말을 이었다.

"그리고 네가 계산한 내용은 소득세를 기준으로 하면 맞지만, 부가세 부분을 고려하면 달라. 결과적으로 보면 너는 이익을 볼 수가 없어."

"어, 그래? 어떻게 그런 거야?"

"너는 공급가액 2,000만 원에 부가세 10%를 더한 2,200만 원의 세금계산서를 발행해야 해. 그러면 매출세액 200만 원을 네가 납부해야 한다고. 그러니까 그 사업자로부터 400만 원을 받아도 소득세 증가분 300만 원에 부가세 납부 200만 원 하고 나면, 오히려 네가 100만 원 손해를 보게 되는 거지."

"허어~ 100만 원 이익이 아니라 오히려 100만 원 손해를 보는 일이었네. 너한테 확인 안 받고 그냥 진행했다면 큰일 날 뻔했구먼."

"야~ 이익이나 손해가 문제가 아니라니까. 설사 그 업체에서 400만 원이 아니라 1,000만 원을 주겠다고 해도 그런 일은 하면 안 돼!"

박 회계사는 태울에게 두 번 세 번 위법한 탈세의 유혹에 빠지지 말라고 당부하고 전화를 끊었다.

창업과 세금 이야기: 개인사업자편
태울 1인 기업가가 되다

3부
깨달음

마음으로 보아야만 분명하게 볼 수 있어.
정말 중요한 것은 눈에 보이지 않는 법이거든.

- 생텍쥐페리 -

34
신용관리
신용이 깡패

태울의 사업은 이제 본격적으로 궤도에 오르고 있었다. 매달 컨설팅 오더가 끊이지 않았고, 대기고객과 잠재고객이 줄을 서서 예정되어 있었다. 하지만 그런 상황임에도 고정적인 급여가 없으니 안정감 있게 가계 경제를 꾸리기가 어려웠고, 그래서 태울은 항상 마음이 불안했다. 돈이 부족할 때면 급한 대로 카드로 현금서비스를 받고는 했다.

그러던 어느 날, 상당한 금액의 돈이 급하게 필요해진 태울은 금융권에 대출을 알아보게 되었다. 은행에서는 소득증빙을 요구했고, 태울이 증빙할 수 있는 전년도 소득이란 400여만 원이 고작이었다. 더구나 잦은 현금서비스 이용으로 신용점수가 바닥 수준이니, 어떤 은행도 태울에게 대출을 해주지 않았다. '그건 작년도 소득이고, 현재는 돈을 아주 잘 벌고 있어요'라고 말해봐야 은행 직원이 그 말을 믿어줄 리가 만무했다. 평소 신용관리에 신경을 쓰지 못한 결과이니 어쩔 수 없었다. 자존심 강한 태울이었지만 다급한 마음에 할 수 없이 주변에 손을 벌릴 수밖에 없었다.

35
궤도
현금흐름

또 한 해가 지나갔다. 사업 초기에는 불안정한 현금 흐름으로 어려운 상황도 있었지만 이제 궤도에 오른 사업 덕분에 더 이상 자금 걱정은 하지 않아도 되었다. 졸졸 흐르는 시냇물은 날이 가물면 금방 바닥이 드러나고 말지만, 수량이 풍부한 강은 여간해서는 강바닥을 드러내는 일이 없는 것과 같은 이치다.

어느 화창한 평일 오전, 태울은 사나흘 정도 일정을 비우고 자동차에 캠핑 장비를 실었다. 1인 기업가로서 태울은 한편으로 열정적이지만 다른 한편으로는 자유롭게 여유를 즐길 수 있게 되었다. 일단 눈덩이가 어느 정도 뭉쳐지면 스스로 산비탈을 따라 굴러 내려가며 몸을 키우게 되는 것처럼, 고객을 만나 컨설팅을 진행할수록 전문가로서의 경험과 지식이 쌓였고, 일에 임하는 태울의 태도 역시 프로페셔널하고 결과도 좋았기에 이제 업계에서 그의 이름은 유명한 축에 들게 되었다. 일단 유명해지자 하기 싫은 일은 안 하겠다고 할 수 있었고, 하고 싶은 일을 선택할 수 있는 여유가 생겼다.

사람들은 출근시간이나 약속시간에 늦으면 뛰게 된다. 지하철역이나 버스정류장 근처에서 태울은 그런 사람들을 보며 자신도 한때 그렇게 뛰어다녔던 기억을 떠올렸다.

열정으로 시작해서 열정으로 끝나던 하루하루들. 이제 태울은 남들과 같은 시간에 출퇴근하지 않고, 약속이 생기면 여유 있게 미리 움직이니 여간해서 뛰는 일이 없었다. 콩나물시루 같은 지하철이나 버스 안에서 코를 찌르는 옆사람의 땀냄새를 맡을 일도 없었다. 덕분에 배가 더 나오게 됐는지는 모르겠지만.

어느 늦은 오후, 강남에서 사업 미팅을 마친 태울은 근처 회사에서 근무하고 있는 친구에게 연락을 했다. 사무실 근처 커피숍에서 만난 두 사람은 이런저런 환담을 나누며 잠시 여유로운 시간을 가졌다.

"그래, 요즘 사업은 잘 돼? 친구들한테 들기로는 너 아주 잘 나간다 하더라."

목소리에는 친구의 성공에 대한 부러움이 한 가득 묻어 있었다.

"처음에는 어려운 점도 많았지만, 이제 꽤 안정이 됐어. 모두 다 친구들이며 선후배들이 주변에서 많이 도와준 덕분이지."

"나도 요즘 회사에서 독립해야 하지 않을까 슬슬 고민하고 있는데,

먼저 그 길을 가본 사업자 선배로서 해주고 싶은 얘기 뭐 없어? 제일 중요한 것 한 가지를 말해달라고 하면?"

잠시 생각에 잠겼던 태울이 말했다.

"현금흐름 관리."

"어, 뜻밖이네. 영업이나 사업가로서의 열정, 치밀한 사업계획…… 뭐 이런 게 아니네?"

"그런 것도 중요하지. 하지만 사업을 한다고 하면 그런 것은 누구나 기본적으로 하는 거니까 새삼 내가 강조하지 않아도 다 알고 있잖아. 그보다는, 내가 경험해보니 현금흐름 관리를 잘 못 하면 엄청 고생하게 되더라고. '흑자도산'이라는 말도 있잖아. 수지타산을 따져보면 분명 돈을 벌었는데 내 호주머니에는 돈이 없는 거지."

태울은 지난 2년여의 경험을 통해 현금흐름 관리의 중요성을 뼈저리게 느꼈기에 다음과 같은 비유로 다시 한 번 그 중요함을 강조했다.

"'매출'은 그냥 벽에 걸린 미인도야. 보기에 아름답지만 실제가 아닌 허상이지. 그리고 '이익'은 그 미인이 내 옆에 앉아 있는 거야. 실존하긴 하지만 가까이 하기엔 먼 당신, 즉 아직은 남이라는 거야. 최종적으로 '현금'이 되어야 비로소 그 미인이 내 아내가 된 거라 할 수 있지. 현금이 왕이야."

36

내가 내는 세금
일상 속의 세금

    태울은 자신의 소득에 따라 계산되는 직접 세금 이외에도 평소에 얼마나 많은 세금을 간접세 형태로 내며 살고 있는지 궁금해졌다. 그래서 아침에 일어나서 저녁에 잠들 때까지 대강의 상황을 그려보며 세금을 얼마나 내는지 생각해보았다.

    먹고 마시고 향유하는 거의 대부분의 활동에 기본적으로 10%의 부가세가 포함되어 있음은 따로 조사할 것도 없으니, 특히 세금이 많이 부과된다는 술, 담배, 자동차에 대해 조사해보았다.

    가게에서 2,000원에 파는 소주 한 병에 대해서는 다음과 같이 술값의 30.8%인 616원을 세금으로 부담하고 있음을 알게 되었다.

소주에 포함된 세금

구 분	금 액	비 율
소비자가격	2,000	100.0%
공장원가	465	23%
주 세	335	16.8%
교육세	100	5.0%
부가가치세	181	9.1%
세금 합계	616	30.8%

그리고 담배의 경우, 4,500원의 담배 가격 안에 3,318원(74%)라는 높은 세금이 붙어 있었다.

담배에 포함된 세금

구 분	금 액	비 율
소비자가격	4,500	100.0%
제조원가 및 유통마진	1,182	26%
국민건강증진부담금	841	19%
담배소비세	1,007	22%
지방교육세	443	10%
개별소비세	594	13%
부가가치세 등	433	10%
세금 합계	3,318	74%

자동차를 구입할 때 부담하는 세금과 운행할 때 들어가는 휘발유 가격에 포함된 세금도 조사해보았다. 자동차는 배기량에 따라 좀 다른

데 2,000cc 이하인 아반테를 기준으로 정리해보면, 구입 시 지출하게 되는 총액 1,535만 4,800원의 18.6%인 285만 4,900원이 세금이었다.

자동차(아반테 기준) 구입 시 부담하는 세금

구 분	내 용	금 액	비 율
세금포함 최종지불액		15,354,800	100.0%
공장도가격	제조원가 등	10,670,000	69.5%
개별소비세	공장도가의 5%	533,500	3.5%
교육세	개별소비세의 30%	160,050	1.0%
부가가치세	세포함가의 10%	1,136,350	7.4%
판매가격	부가가치세 포함가	12,499,900	81.4%
취득세	판매가의 7%	875,000	5.7%
농특세, 지방교육세	판매가의 1.2%	150,000	1.0%
세금 합계	취득 시의 세금	2,854,900	18.6%

휘발유의 경우 소비자 가격이 1,800원일 때 세금은 881원으로 우리가 내는 돈의 49%가 세금이라는 사실을 알게 되었다.

휘발유에 포함된 세금

구 분	내 용	금 액	비 율
휘발유 소비자가		1,800	100.0%
교통세	리터당 부과	475	26.4%
교육세	교통세의 15%	71	4.0%
주행세	교통세의 36%	171	9.5%
부가가치세	판매가의 10%	164	9.1%
세금 합계		881	49.0%

태울은 우리가 내는 세금이 이렇게 많다는 사실에 놀라지 않을 수 없었다. 정부는 이 많은 세금을 걷어서 다 어디에 쓰는 걸까 하는 궁금 증이 일었다.

37
인연
혹은
우연의 축복

오랜만에 윤하에게서 연락이 왔다.

"태울 씨, 책 쓰고 싶다고 했었죠? 지금은 어때요?"

"어? 그걸 어떻게 알았죠? 누구한테도 잘 안 하는 얘기인데."

윤하가 웃으며 말했다.

"제가 메모광이잖아요. 메모도 했었지만 그 얘긴 기억하고 있어요. 학창시절에 시 쓰는 문학동아리 활동도 했었다면서요?"

"아하하, 벌써 몇십 년 전 일이네요……. 책을 쓰고 싶다는 생각은 쭉 갖고 있었지만, 어떤 주제로 써야 할지 구체적인 건 아직……."

"모임 하나 소개해드릴게요. 우연한 기회에 알게 된 인문학 연구 모임인데요, 태울 씨한테 도움이 될 것 같아요."

태울은 윤하가 알려주는 인터넷 사이트를 방문하여 게시물을 훑어보고, 카페명에 있는 '함께 성장'이라는 단어에 호감을 느껴 회원으로 가입하게 됐다.

　　이후 뉴스레터가 매일 이메일로 배달되어 왔는데 직장인, 사업가, 교사, 주부, 문학인 등 다양한 이들의 소소하지만 반짝거리는 이야기, 하루하루 일상의 소중함을 얘기하는 글이 마음에 와 닿았다.

　　그러던 어느 날 카페 공지를 통해 '치유와 코칭 백일 글쓰기' 과정의 모집공고를 보고 참여를 신청했다. 그리고 100일간 자신을 돌아보면서, 100가지 주제의 글쓰기를 통해 오랫동안 잊고 있었던 글쓰기에 대한 열정이 다시 피어오르는 것을 느꼈다.

　　그 과정을 마치고 다음 단계인 '인문의 숲'이라는 과정에도 참여했다. 이 과정을 통해 태울은 또 다른 100일 동안 동서양의 고전과 명저들을 매주 한 권씩 만나며 자신의 내면을 확장하고 소명에 눈을 뜨게 됐다. 그리고 마침내 자연스럽게 연구원 단계에 접어들었으니, 연구원은 자신의 소명에 따른 주제 한 가지를 잡아, 연구에 깊이를 더해 가며 한 권의 책을 준비하는 과정이었다.

　　태울은 스스로 1인기업가로 성장하면서 경험하고 공부한 내용 중에 특히 세금에 관련된 내용이 자신과 같은 길을 가고자 하는 다른 사람들에게 도움이 될 것으로 생각했다. 그래서 세금 이야기를 가장 재미있고 쉽게 읽을 수 있도록 소설로 구성하여 독자들을 만날 수 있기를 소망하며 글을 쓰기 시작했다.

에필로그

햇살에 눈이 부신 어느 날, 인사동 거리를 걷던 태울은 맞은편에서 걸어오는 한 사람을 보고 깜짝 놀랐다. 뒤통수를 후려치듯 따끔한 충고를 꿈속에서 해주던 바로 그 여인과 너무도 닮은 사람. 태울은 홀린 듯 그에게 다가가 말을 걸었다.

"저…… 안녕하세요?"

여인은 온화한 미소를 지으며 말없이 태울의 손을 잡아주었다.

"혹시, 저를 아시나요?"

"디오니소스, 이제 또 새로운 길을 가야겠구나."

그녀는 대답 대신 격려의 한 마디를 남기고 가던 길을 계속 가려고 몸을 돌렸다. 태울은 발밑으로 들어오는 그림자를 밟지 않으려고 피하면서 그의 등 뒤로 다급히 물었다.

"어디로 가시나요? 어디로 가면 선생님을 뵐 수 있을까요?"

그는 어깨를 살짝 돌리며 꽃보다 밝고 아름다운 미소를 지어 보였다.

"함께성장인문학연구원으로 오너라. 동문들이 반갑게 맞이해줄 것이니."

마치는 글

많은 분들이 직장인으로서 만족하진 않지만 경제적으로는 그럭저럭 안정적인 생활을 하다가 어느 순간 자유를 찾아 혹은 더 늦기 전에 꿈을 찾겠다는 마음으로 직장을 떠난다. 어쩌면 이 책의 주인공 태울처럼 미처 준비할 겨를도 없이 떠밀려 나오는 수도 있다.

그런데 크건 작건 매달 일정하게 들어오던 급여소득이 없어지면서 통장의 잔고는 빠르게 사라진다. 불안한 마음에 무슨 일이라도 해보려 하지만 쉽지 않다. 생활비를 충당하기 위해 대출을 받고, 잘 될 것 같은 사업 아이템을 붙잡고 사업을 시작한다. 하지만 예상 같지 않은 사업 초기의 저조한 매출과 수입으로는 매달 고정적으로 나가는 비용과, 직원이라도 있다면 그 인건비를 감당하기 어렵다. 급기야 급하게 당겨 쓴 카드 현금서비스로 인해 신용도가 최하수준이 된다. 심지어는 가족과 친지, 주변 지인들에게 사채를 빌려 어렵게 회사를 연명해야 하는 수준에 다다르기도 한다. 이런 사업가의 모습이 우리 주변에 그리 보기 드문 일은 아니다.

문명이 발달하고 사회가 정보화되면서 그 어느 때보다 신용이 중요한 사회가 되었다. '신용이 깡패'라는 말이 있는데, 세금도 신용과 관련이 있다. 개인부터 법인까지 모든 납세 주체가 세금을 제대로 내지 않으면 신용점수가 깎인다. 체납 사실이 신용점수에 반영되기 때문이다. 신용점수가 낮으면 돈을 빌리기도 어렵거니와, 빌릴 수 있다 해도 상대적으로 높은 이자를 부담해야 한다. 급한 일로 대출을 받았는데 신용점수가 좋지 않아 할 수 없이 높은 이자를 부담해본 적이 있는 사람이라면 '깡패'가 따로 없다는 생각에 공감할 수 있을 것이다.

그래서 사업을 하고자 하는 사람들에게 나는 린스타트업 방식이나 1인기업가로 시작하기를 추천한다. 처음부터 법인을 설립하거나 사업 초기부터 규모를 키우려고 직원을 많이 뽑는 것은 대단히 위험한 일이다. 물론 어느 정도 규모가 필요한 사업을 하려면 법인 형태를 갖추거나 투자가 선행되어야 할 수는 있겠지만, 그래도 가능하면 매출을 먼저 만들어 수입을 확보한 뒤 비용을 지출하는 구조로 사업을 전개해 나가기를 권한다. 자신의 지식과 경험을 바탕으로 하는 1인기업의 형태는 초기 비용을 최소화할 수 있으므로 충분히 가능한 방식이다.

그런데 조직이나 시스템을 갖추지 않은 상태에서 1인기업가로서 혼자 모든 일을 하려다 보면, 이것저것 챙길 것도 많다. 그중에서도 특히 세무에 대한 내용은 혼자서 파악하기가 쉽지 않다. 세무사 사무실에 기장대리를 맡긴다 해도, 본인이 어느 정도 세무에 대한 지식이 있어야 충분한 업무협조(?)를 기대할 수 있다. 내가 요청하지도 않는데 회계사나 세무사가 알아서 챙겨주거나 세금을 줄여주지는 않기 때문이다.

일반적으로 세금 내는 것을 즐겁게 생각하는 사람은 없을 것이다. 하지만 국가라는 조직이 생기면서 세금은 피할 수 없는 일이 되었다. 국가의 운영비용을 충당하기 위해서는 국민들로부터 걷어 들이는 세금을 빼곤 방법이 없기 때문이다. 하지만 '호환마마보다 무서운 게 세금'이라는 우스갯소리도 있듯이 사람들은 세금 내는 걸 싫어한다. 오죽하면 '세금을 뜯긴다'라고 표현하겠는가. 아마도 우리 몸의 어딘가를 뜯기는 것만큼이나 아픈 일이기 때문일 것이다. 미국독립전쟁과 프랑스혁명의 원인이 과도한 세금 때문이었다는 것은 역사적인 사실이다. 대체 세금이 사람들을 얼마나 고통스럽게 했으면 전쟁과 혁명의 원인까지 되었을까?

우리 헌법에는 국민의 4대 의무로 국방, 근로, 교육, 납세의 의무를 명시하고 있다. 그런데 가끔 고위공직자들이 인사청문회에서 병역기피,

위장전입, 세금탈루 등 신상을 털리며 낙마하는 경우가 있다. 법률가, 정치인, 고위관료들이 마땅히 따라야 할 법을 지키지 않는다. 오히려 그 똑똑한 머리와 권력을 이용해 미꾸라지처럼 법을 피해 다니고, 국민이 낸 세금을 먹잇감으로 생각한다. 고양이에게 생선을 맡긴 기분이 든다. 법을 만든 자들이 법을 지키지 않으면서 국민들에게 법을 지키라고 한다면 어느 누가 기꺼이 따를 것인가? 한편, 우리나라 국민의 세금부담율은 다른 선진국에 비해 상대적으로 아주 적은 편이다. 국가통계포탈(KOSIS) 자료에 따르면 2014년 한국의 노동비용 대비 근로자의 세금부담율은 21.5%로 거의 50%에 육박하는 선진국들의 세금부담율에 비하면 그 반도 되지 않는다. (오른쪽 페이지 그림 참조)

오늘날 우리나라는 인구감소가 심각한 수준이라 갈수록 경제인구가 줄어들고 있다. 그럼에도 불구하고 노령층과 복지사각지역의 국민들을 위한 복지확대 정책을 위해서는 증세를 통한 재원마련을 피할 수가 없게 되었다. 이렇게 세금은 우리 사회가 더불어 살아가기 위해 꼭 필요한 재원이 된다. 국민들이 어렵게 낸 세금이 올바른 곳에 제대로 쓰

KOSIS

1) 평균근로자 세금(G20) (노동비용 대비)

◉ 자료갱신일 : 2016-10-10 / 수록기간 : 년 2000 ~ 2014

| 일괄설정 + | 항목[1/1] | 국가별(19/25) | 시점[3/15] |

(단위 : %)

국가별	2014	2013	2012
독일	49.3	49.2	49.6
프랑스	48.4	48.9	50.1
이탈리아	48.2	47.9	47.7
터키	38.2	37.6	37.4
일본	31.9	31.6	31.3
캐나다	31.5	31.0	30.8
미국	31.5	31.4	29.8
영국	31.1	31.4	32.1
오스트레일리아	27.7	27.4	27.2
한국	21.5	21.3	21.0
멕시코	19.5	19.2	19.0

출처: 국가통계포탈 KOSIS

일 수 있었으면 한다.

    절세와 탈세의 경계가 애매할 때가 있다. 대부분의 일반 시민은 잘 모르고 탈세의 경계를 넘는 경우가 많다. 세금에 관련한 법과 제도가 그만큼 복잡하고 어렵기 때문이다. 독자들은 이 책을 재미있게 읽으며 그런 복잡하고 어려운 세금을 조금은 쉽게 이해할 수 있게 되었기를 바란다. 이 책을 길잡이 삼아 사업을 하는 모든 독자들이 합법적인 절세 방안을 실천하고, 사업 초기의 금전적인 어려움을 극복하는 데 조금이라도 도움이 될 수 있기를 기대한다. 그리고 마침내 크게 성공하여 세금도 그만큼 많이 낼 수 있는, 자본주의 시대에서 노블리스 오블리주를 실천하는 훌륭한 분이 많아졌으면 하는 바람이다.

    세법은 해마다 조금씩 개정되고 있어서, 책에 있는 세부적인 숫자나 비율 등 일부 내용은 시간이 흐르면 바뀔 수도 있다는 것을 독자들께서 알아두시면 좋겠다. 기타 궁금한 내용이나 의견이 있는 분은 블로그 등 SNS를 통해 소통할 수 있기를 기대하며, 독자 여러분의 앞날에 무궁한 발전과 성공이 있기를 기원 드린다.

감사의 글

　이 책을 쓰기 위해 개인적인 경험을 바탕으로 새롭게 연구하는 한편, 실제 사례를 구하는데 1년 이상의 자료 수집과 집필 기간이 걸렸다. 소설의 주인공이 사업을 일구어 가는 과정에서 겪는 여러 가지 일들에 사실감과 현장감을 더하기 위해 특히 공을 많이 들였다.

　이 자리를 빌려 사례 수집을 위한 인터뷰에 기꺼이 응해주시고 소중한 경험을 나누어주신 분들께 감사드린다. 일일이 거명하고 감사를 드리는 게 마땅하지만, 익명을 요구하신 분들도 많았기에 여기에 감사의 인사를 드리는 것으로 갈음한다.

　특별히 '함께성장인문학연구원'의 정에서 선생님과 그분의 지도를 받으며 함께 공부하는 동기와 동문들에게 감사를 표한다.

　에피소드 하나가 쓰여질 때마다 함께 읽어주고 소중한 피드백을 해준 연구원 동문들의 애정과 격려가 없었다면 이 책은 세상에 나오지 못했을 것이다.

　글 쓴다고 주말에도 집을 떠나 조용한 곳을 찾아 헤매느라 가족을 제대로 챙기지 못한 아빠이지만 각자 묵묵히 자신의 할 일을 하면서 믿고 응원해준 가족에게 감사한다.

창업과 세금 이야기: 개인사업자편
태울 1인 기업가 가 되다

부록

1. 태울이 받은 기타소득과 사업소득에 대한 원천징수영수증
2. 태울의 종합소득세 신고서 작성사례

1-1. 기타소득 원천징수 영수증

태울이 엉겁결에 후배의 회사에 컨설팅을 해주고 받은 뜻밖의 첫 소득이었다.

> 후배회사가 징수의무자다.

> 소득자인 태울의 인적사항이 적혀있다.

> 62. 그 밖에 필요경비 있는 기타소득에 체크되어 있다.

> 지급연월일과 귀속연월, 지급총액, 필요경비, 소득금액, 세율, 소득세, 지방소득세 금액이 계산되어 있다.

> 필요경비(80%)가 적용되어 있다.

> 징수(보고)의무자 회사명과 법인인감이 날인된다.

(6쪽 중 제5쪽)

| 귀속
연도 | 2015년 | [ ] 거주자의 기타소득 원천징수영수증
[ ] 거주자의 기타소득 지급 명세서
(([ ] 소득자 보관용   [ ] 발행자 보관용) | 소득자 구분 | 내·외국인 구분 | 내국인1
외국인9 |

징수
의무자
- ① 사업자등록번호 478-86-12345
- ② 법인명 또는 상호 ㈜0000
- ③ 성명 홍길동
- ④ 주민(법인)등록번호 110111-1234567
- ⑤ 소재지 또는 주소 서울특별시 0000000000000

소득자
- ⑥ 성명 김대을
- ⑦ 주민(사업자)등록번호 0000000-1234567
- ⑧ 주소 서울특별시 00000000000

⑨소득구분코드
* 해당코드에 √ 표시

㉖ 비과세 기타소득, ㉗ 분리과세 기타소득, ㉘ 소기업소상공인공제부금 해지 소득, ㉙ 필요경비 없는 기타소득(㉚, ㉛, ㉜ 제외), ㉝ 주식매수선택권 행사이익 ㉞ 서화·골동품 양도소득, ㉟ 직무발명보상금, ㉖ 상금 및 부상 ㉗ 광업권 등 ㉘ 지역권등 ㉙ 주택입주지체상금 ㉚ 원고료 등 ㉛ 강연료 등 ㉜ 종교인소득 ㉝ 그 밖에 필요경비 있는 기타소득(㉞, ㉟, ㉖ ~ ㉗ 제외)

⑩ 지급 연월일			⑪ 귀속 연월일			⑫ 지급 총액	⑬ 필요 경비	⑭ 소득 금액	⑮ 세율	원 천 징 수 세 액			
										⑯ 소득세	⑰ 지방소득세	⑱ 농어촌특별세	⑲ 계
연	월	일	연	월	일								
2015	10	2	2017	10		1,000,000	800,000	200,000	20.0%	40,000	4,000		44,000

위의 원천징수세액(수입금액)을 정히 영수(지급)합니다.

2015년 10월 31일

징수(보고)의무자   ㈜0000   (서명 또는 인)

귀하

작성방법

※ 「소득세법」 제21조제1항제26호에 따른 종교인소득에 대해서는 2018년 1월 1일 이후에 발생하는 종교인소득을 지급하는 경우부터 적용됩니다.

1. 이 서식은 거주자에게 기타소득을 지급하는 경우에 사용하며, 이자·배당소득원천징수영수증[별지 제23호서식(1)]의 작성방법과 같습니다.
2. 징수의무자란의 ④ 주민(법인)등록번호는 소득자 보관용에는 적지 않습니다.
3. ⑫ 지급총액란은 「소득세법」 제12조제5호아목에 따라 비과세되는 종교인소득을 제외하고 적습니다.
4. ⑯란부터 ⑱란까지 중 세액이 소액 부징수(1천원 미만을 말합니다)에 해당하는 경우에는 세액을 '0'으로 적습니다.

부록 189

1-2. 사업소득 원천징수 영수증

태울이 후배로부터 소개받은 회사에 1천만 원을 받기로 하고 컨설팅을 진행했지만, 결국 5백만 원만 받게 된 사업소득이었다.

> 그 못된 회사가 징수의무자다.

> 소득자인 태울의 인적사항이 적혀있다.

> 업종구분에 940600 (자문.고문)으로 적혀 있다. (맨 아래쪽 노란색 박스 참조)

> 지급연월일과 귀속연월, 지급총액, 세율, 소득세, 지방소득세 (필요경비를 공제해 주는 게 없다는 것을 알 수 있다.)

> 징수(보고)의무자 회사명과 법인인감이 날인된다.

(3쪽 중 제3쪽)

[√] 거주자의 사업소득 원천징수영수증
[√] 거주자의 사업소득 지급명세서
([√] 소득자 보관용 [ ] 발행자 보관용)

귀속연도	2015년		내·외국인	내국인1 외국인9
			거주지국	거주지국코드

징수의무자

① 사업자등록번호	498-00-12345	② 법인명 또는 상호	㈜XXXX	③ 성명	이순신
④ 주민(법인)등록번호	110111-1234567	⑤ 소재지 또는 주소	서울특별시 XXXXXXXXXX		

소득자

⑥ 상호		⑦ 사업자등록번호	
⑧ 사업장 소재지			
⑨ 성명	김태울	⑩ 주민등록번호	0000000-1234567
⑪ 주소	서울특별시 00000000000		

⑫ 업종구분	(940600) 자문·고문 ※ 작성방법 참조

⑬ 지급		⑭ 소득귀속		⑮ 지급총액	⑯ 세율	원천징수세액		
연	월	일	연	월			⑰ 소득세	⑱ 지방소득세	⑲ 계
2015	10	30	2017	10	5,000,000	3.0%	150,000	15,000	166,000

위의 원천징수세액(수입금액)을 정히 영수(지급)합니다.

2015년 10월 31일

징수(보고)의무자   ㈜XXXX   (서명 또는 인)

세 무 서 장   귀하

작 성 방 법

1. 이 서식은 거주자가 사업소득이 발생한 경우에만 작성하며, 비거주자는 별지 제23호서식(6)을 사용해야 합니다.
2. 징수의무자란의 ④ 주민(법인)등록번호는 소득자 보관용에는 적지 않습니다.
3. 세액이 소액 부징수에 해당하는 경우에는 ⑰·⑱·⑲란에 세액을 "0"으로 적습니다.
4. 업종구분란에는 소득자의 업종에 해당하는 아래의 업종구분코드를 적어야 합니다.

업종코드	종목	업종코드	종목	업종코드	종목	업종코드	종목	업종코드	종목
940100	저술가	940305	성악가	940904	직업운동가	940910	다단계판매	940916	행사도우미
940200	화가관련	940600	연예보조	940906	봉사료수취자	940911	기타모집수당	940917	심부름용역
940301	작곡가	940600	자문·고문	940906	보험설계	940912	간병인	940918	퀵서비스
940302	배우	940901	바둑기사	940907	음료배달	940913	대리운전	940919	물품배달
940303	모델	940902	꽃꽂이교사	940908	방판·외판	940914	캐디	861101	병의원
940304	가수	940903	학원강사	940909	기타자영	940915	목욕관리사		

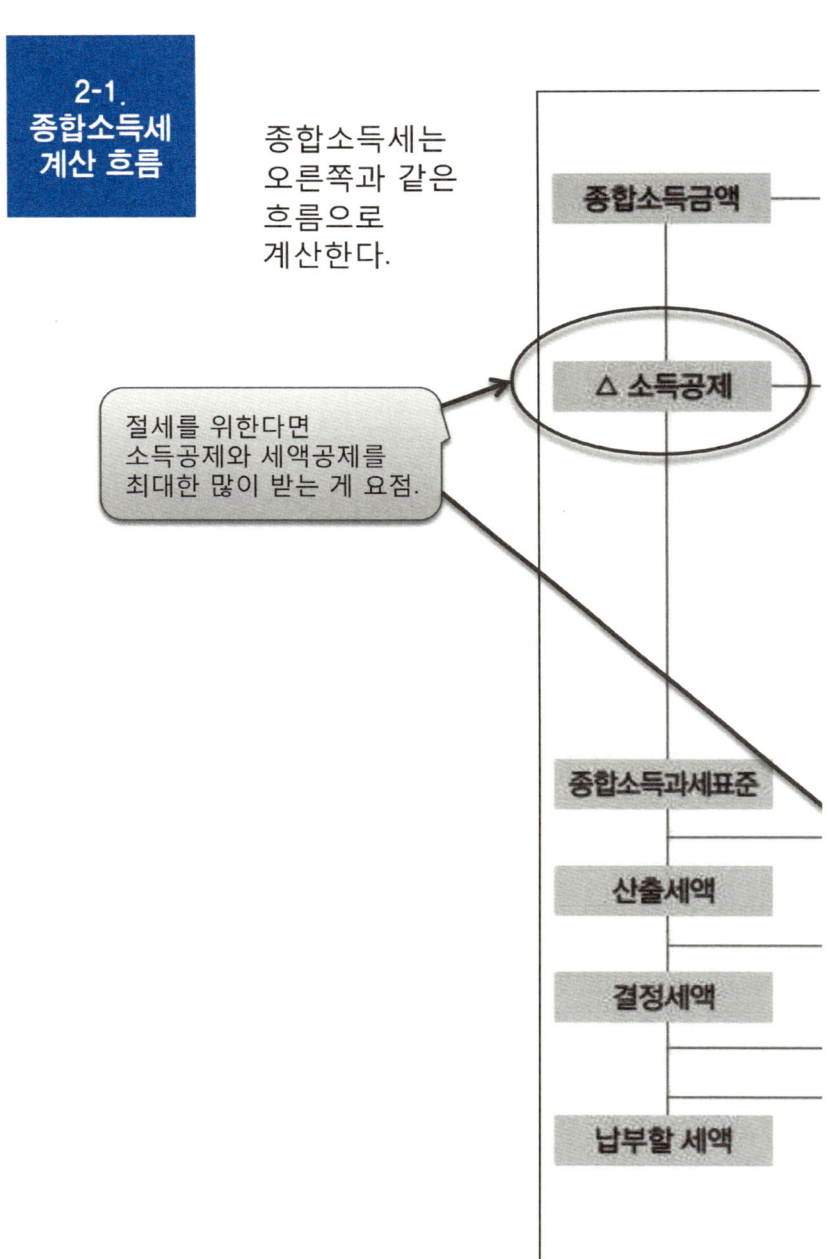

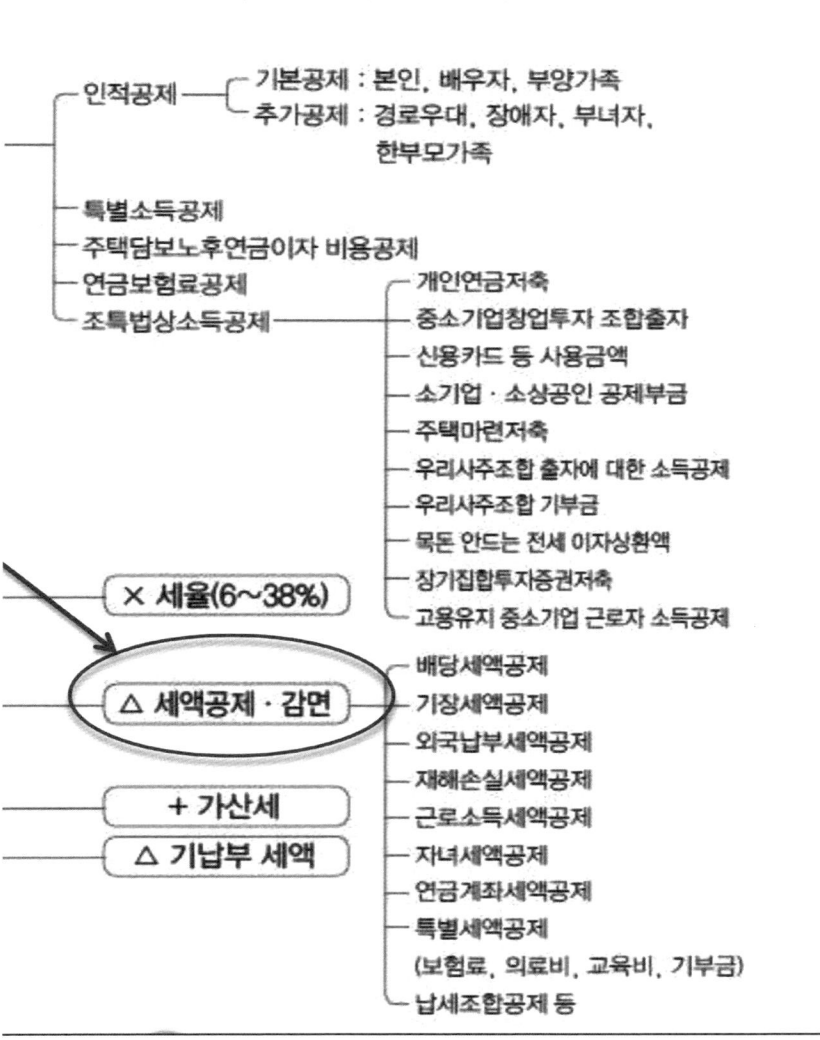

2-2. 종합소득세 신고서식 작성

태울이 사업 2차년도(2016년도)에 다음과 같은 수입을 얻었을 때를 가정하고 종합소득세 신고서를 작성해 본다.

사업소득으로 총수입 5천만원
기타소득으로 총수입 1백만원

위 기타소득 1백만 원은 분리과세 할 수 있는 기준인 300만 원 이하이므로 분리과세 하는 게 유리할 수 있지만, 종합소득으로 합산 계산하는 과정을 보여드리기 위해 여기에서는 합산해서 계산해 본다.

종합소득세 신고서식은 소득세법시행규칙 별지 제40호 서식을 사용한다.

오른쪽에 보이는 서식이 종합소득세 신고서식인데 처음부터 바로 이 서식을 채울 수는 없다.

태울의 경우 사업소득과 기타소득이 있으므로 각각의 소득에 대한 내용과 소득공제명세서, 세액공제명세서 등을 먼저 작성한 후에야 오른쪽의 서식을 채우는 데 필요한 숫자를 확정할 수 있기 때문이다.

태울의 직전년도(2015년도, 사업을 시작한 해) 수입이 2,400만원 미만이므로, 장부기장의무는 면제되며, 단순경비율로 추계 신고한다.

이제 순서 대로 작성해 보자.

(33쪽 중 제3쪽)

(년 귀속)종합소득세·농어촌특별세·지방소득세 과세표준확정신고 및 납부계산서

관리번호	-		거주구분	거주자1/비거주자2
			내·외국인	내국인1/외국인9
			외국인단일세율적용	여1/부2
			거주지국	거주지국코드

❶ 기본사항

① 성 명		② 주민등록번호	-
③ 주 소			
④ 주소지 전화번호		⑤ 사업장 전화번호	
⑥ 휴 대 전 화		⑦ 전자우편주소	
⑧ 신 고 유 형	⑪자기조정 ⑫외부조정 ⑬성실신고확인 ⑭간편장부 ⑮추계-기준율 ⑯추계-단순율 ⑳비사업자		
⑨ 기 장 의 무	⑪복식부기의무자 ⑫간편장부대상자 ⑬비사업자		
⑩ 신 고 구 분	⑩정기신고 ⑳수정신고 ㉚경정청구 ㊵기한후신고 ㊶추가신고(인정상여)		

❷ 환급금 계좌신고 (2천만원 미만인 경우)
⑪ 금융기관/체신관서명 | ⑫ 계좌번호

❸ 세무대리인
⑬성 명		⑭사업자등록번호	- -	⑮전화번호	
⑯대리구분 ①기장 ②조정 ③신고 ④확인	⑰ 관리번호	-		⑱ 조정반번호	

❹ 세액의 계산

구 분		종합소득세	지방소득세	농어촌특별세
종 합 소 득 금 액	⑲			
소 득 공 제	⑳			
과 세 표 준(⑲-⑳)	㉑		㊶	㊿
세 율	㉒		㊷	
산 출 세 액	㉓		㊸	
세 액 감 면	㉔		㊹	
세 액 공 제	㉕		㊺	
결 정 세 액(㉓-㉔-㉕)	㉖		㊻	㊽
가 산 세	㉗		㊼	㊾
추 가 납 부 세 액 (농어촌특별세의 경우에는 환급세액)	㉘		㊽	㊿
합 계(㉖+㉗+㉘)			㊾	
기 납 부 세 액	㉙		㊿	
납 부(환급) 할 총 세 액(㉙-㉚)	㉚		㊿	
납부특례세액	차 감	㉛			
	가 산			㊿	
분 납 할 세 액	2개월 내	㉜			
신고기한 이내 납부할 세액(㉚-㉛+㉜-㉝)				㊿	

신고인은 「소득세법」 제70조, 「농어촌특별세법」 제7조, 「지방세법」 제95조 및 「국세기본법」 제45조의3에 따라 위의 내용을 신고하며, 위 내용을 충분히 검토하였고 신고인이 알고 있는 사실 그대로를 정확하게 적었음을 확인합니다. 위 내용 중 과세표준 또는 납부세액을 신고하여야 할 금액보다 적게 신고하거나 환급세액을 신고하여야 할 금액보다 많이 신고한 경우에는 「국세기본법」 제47조의3에 따른 가산세 부과 등의 대상이 됨을 알고 있습니다.

년 월 일

신고인 (서명 또는 인)

세무대리인은 조세전문자격자로서 위 신고서를 성실하고 공정하게 작성하였음을 확인합니다. 무기장·부실기장 및 소득세법에 따른 성실신고에 관하여 불성실하거나 허위로 확인된 경우에는 「세무사법」 제17조에 따른 징계처분 등의 대상이 됨을 알고 있습니다.

세무대리인 (서명 또는 인)

접수(영수)일

세무서장 귀하

첨부서류(각 1부)		전산입력필	(인)

부록 195

2-3. 사업소득 정리

소득구분코드
30: 부동산임대업
40: 부동산임대업 외의 사업소득

둘 이상의 사업소득이 있거나 소득구분 코드가 다르면 일련번호를 추가해서 적는다.

신고유형코드
- 20: 간편장부소득금액계산서에 따라 소득금액을 계산한 경우
- 31: 기준경비율에 따라 소득금액을 계산한 경우
- 32: 단순경비율에 따라 소득금액을 계산한 경우

원천징수 당한 소득세를 원천징수의무자로 구분하여 작성.
0.3%인 지방소득세를 제외하고, 3%인 소득세만 작성하는 점에 유의한다.
사업소득으로 총 수입 5천만원의 3%인 1백5십만원이 원천징수 당한 소득세 합계가 된다.

(33쪽 중 제9쪽)

❼ 사업소득명세서

① 소 득 구 분 코 드		40			
② 일 련 번 호		1			
③ 사업장	소 재 지	서울특별시 0000			
	국내1/국외9 소재지국코드	1	KR		
④ 상 호		태울컨설팅			
⑤ 사 업 자 등 록 번 호		000-00-00000			
⑥ 기 장 의 무		2. 간편장부			
⑦ 신 고 유 형 코 드		32			
⑧ 주 업 종 코 드		74140		업종코드: 국세청 홈텍스에서 조회	
⑨ 총 수 입 금 액		50,000,000			
⑩ 필 요 경 비		35,150,000		홈텍스에서 조회한 단순경비율: 70.3%로 계산	
⑪ 소 득 금 액(⑨-⑩)		14,850,000			
⑫ 과 세 기 간 개 시 일		20160101			
⑬ 과 세 기 간 종 료 일		20161231			
⑭ 대 표 공동사업자	성 명				
	주민등록번호				
⑮ 특수관계인	성 명				
	주민등록번호				
	성 명				
	주민등록번호				
	성 명				
	주민등록번호				

사업소득에 대한 원천징수 및 납세조합징수 세액

⑯ 일련 번호	원천징수의무자 또는 납세조합		원천징수 또는 납세조합징수 세액	
	⑰ 상호(성명)	⑱ 사업자등록번호 (주민등록번호)	⑲ 소득세	⑳ 농어촌특별세
1	(주) ××××	000-00-00000	400,000	
2	(주) ○○	000-00-00000	600,000	
3	(주) ××	000-00-00000	500,000	
계			1,500,000	

부록 197

2-4. 기타소득 정리

소득구분코드
- 51: 일반적인 근로소득
- 66: 연금소득
- 61: 동업기업에서 배분 받은 기타소득
- 60: 61코드 이외의 기타소득

(33쪽 중 제11쪽)

● 근로소득 · 연금소득 · 기타소득명세서

① 소득구분코드	② 일련번호	소득의 지급자 (부여자의 국내사업장) ③ 상　호(성명) ④ 사업자등록번호 (주민등록번호)	⑤ 총수입금액 (총급여액· 총연금액)	⑥ 필요경비 (근로소득공제· 연금소득공제)	⑦ 소득금액 (⑤-⑥)	원천징수 또는 납세조합징수세액	
						⑧ 소득세	⑨ 농어촌특별세
60	1	㈜ △△△ 000-00-00000	1,000,000	800,000	200,000	40,000	

필요경비 80% 적용

소득세율 20%

부록 199

2-5. 종합소득세 계산

> 2-3과 2-4에서 작성한 사업소득과 기타소득을 옮겨 적고, 합계를 낸다.

(33쪽 중 제13쪽)

ⓑ 종합소득금액 및 결손금·이월결손금공제명세서

구 분	① 소득금액	② 부동산임대업 (주택임대업제외) 외의 사업소득 결손금 공제금액	이월결손금 공제금액		⑤ 결손금·이월 결손금공제 후 소득금액
			③ 부동산임대업 (주택임대업 제외) 외의 사업소득 이월결손금 공제금액	④ 부동산임대업 (주택임대업제외)의 사업소득 이월결손금 공제금액	
이자소득금액				■	
배당소득금액				■	
출자공동사업자의 배당소득금액				■	
부동산임대업(주택임대업 제외)의 사업소득금액				■	
부동산임대업(주택임대업 제외) 외의 사업소득금액	14,850,000			■	14,850,000
근로소득금액				■	
연금소득금액				■	
기타소득금액	200,000			■	200,000
합 계 (종합소득금액)	15,050,000				15,050,000

● 이월결손금명세서

구 분	이월결손금 발생명세		③ 전기까지 공제액	당기 공제액			⑦ 잔액
	① 발생 과세기간	② 발생금액		④ 당기 공제액	⑤ 소급공제액	⑥ 그 밖의 공제액	
부동산 임대업(주택임대업 제외)의 사업소득				■			
				■			
				■			
				■			
부동산 임대업(주택임대업 제외) 외의 사업소득							

부록 201

2-6. 소득공제 명세서 작성

> 아래 표와 같이 다양한 소득공제가 있지만, 태울의 사례에서는 '인적공제'로 본인과 배우자, 부양가족 1명으로 총 3명에 해당하는 기본공제만 반영함.

항목	구 분	공제액 한도	종합한도 적용 여부
인적공제	기본공제(본인, 배우자, 부양가족)	1명당 150만원	×
	추가공제	경로우대자 1명당 100만원, 장애인 1명당 200만원, 부녀자 50만원, 한부모 100만원	×
연금보험료	공적연금보험료	전 액	×
	주택담보노후연금 이자비용	연 200만원(연금소득금액 한도) 한도	×
특별소득공제	건강보험료, 고용보험료 장기요양보험료	전 액	×
	주택자금 / 주택임차차입원리금상환액(ⓐ)	(ⓐ+ⓑ) 연 300만원 한도	○
	주택자금 / 장기주택저당차입금이자상환액(ⓒ)	(ⓐ+ⓑ+ⓒ) 연 500만원(연 1,800만원 한도)	○
그 밖의 소득공제	개인연금저축	연 72만원 한도	×
	중소기업 창업투자조합 출자 등	종합소득금액의 50% 한도	○ (개인투자조합 출자 및 벤처기업 등 투자분은 제외)
	소기업·소상공인 공제부금	연 300만원 한도	○
	주택마련저축(ⓑ) (청약저축, 주택청약종합저축)	(ⓐ+ⓑ) 연 300만원 한도	○
	우리사주조합 출연금	연 400만원 한도	○
	장기집합투자증권저축	연 240만원 한도	○
	신용카드 등 사용금액	Min[300만원(총급여1.2억 초과자는 200만원), 총급여 20%] + 100만원(전통시장) + 100만원(대중교통)	○
	고용유지 중소기업 근로자	연 1,000만원 한도	×

(33쪽 중 제15쪽)

● 소득공제명세서

소득세법 상 소득공제

구 분			금 액	구 분		금 액
인적공제	기본공제	① 본 인	1,500,000	연금보험료공제	⑨ 국 민 연 금	
		② 배 우 자	1,500,000		⑩ 공무원·군인·사립학교 교직원·별정우체국연금	
		③ 부양가족(1 명)	1,500,000		⑪ 주택담보노후연금이자비용 공제	
	추가공제	④ 경로우대자(명)		특별공제	⑫ 보험료 공제	
		⑤ 장 애 인(명)			⑬ 주택자금 공제	
		⑥ 부 녀 자			⑭ 기부금(이월분) 공제	
		⑦ 한 부 모 가 족		특별공제합계	⑮ 근로소득이 있는 자 (⑫~⑭)	
		⑧ 인적공제계(①~⑦의 합계)	4,500,000		근로소득이 없는 자 (⑭)	

⑯ 인적공제대상자 명세

관계	성 명	내외국인	주민등록번호(외국인등록번호 등)	관계	성 명	내외국인	주민등록번호(외국인등록번호 등)
본인	김태웅	1	000000-1234567				-
배우자	○○○	1	000000-0000000				-
자녀	○○○	1	000000-0000000				-

※ 관계코드: 소득자 본인=0, 소득자의 직계존속=1, 배우자의 직계존속=2, 배우자=3, 직계비속 중 자녀·입양자=4, 직계비속 중 자녀·입양자 외(직계비속과 그 배우자가 모두 장애인인 경우 그 배우자 포함)=5, 형제자매=6, 수급자=7, 위탁아동=8(관계코드 4~6은 소득자와 배우자의 각각의 관계를 포함합니다.)

「조세특례제한법」 상 소득공제

⑰ 「조세특례제한법」 조문(제목)	⑱ 코드	⑲ 금 액	⑳ 사업자등록번호
㉑ 「조세특례제한법」상 소득공제 합계			
㉒ 소득공제 합계 (⑧~⑪+⑮+㉑)	4,500,000	㉓ 소득공제 종합한도 초과액	

부록 203

2-7. 소득공제 종합한도 부표 작성

> 신용카드 사용금액 소득공제는 근로소득자만 해당하므로, 태울은 신용카드 공제를 받을 수 없다. 따라서 이 표에는 작성할 내용이 없다.

(33쪽 중 제17쪽)

●-1 소득공제 종합한도 계산 부표

「소득세법」상 특별공제

구 분	금 액	대 상
① 주택자금		근로자

「조세특례제한법」상 소득공제

구 분	금 액	대 상
② 중소기업창업투자조합 출자 등		거주자
③ 소기업·소상공인 공제부금		거주자
④ 주택마련저축(청약저축, 주택청약종합저축)		근로자
⑤ 우리사주조합 출자(출연금)		근로자
⑥ 장기집합투자증권 저축		근로자
▷ ⑦ 신용카드 등 사용금액		✓ 근로자
⑧ 종합한도 적용 소득공제액 합계 (①~⑦)	⑨ 소득공제 종합한도 초과액 (종합한도 적용 소득공제액 - 2,500만원)	

부록 205

2-8. 세액감면 세액공제 명세서

세액감면, 세액공제는 근로소득자로서 연말정산을 할 때와 같은 방법

(33쪽 중 제19쪽)

● 세액감면명세서

① 제목(법 조문)	② 코드	③ 세액감면	④ 사업자등록번호
⑤ 세액감면 합계			

● 세액공제명세서

① 「소득세법」상 세액공제		② 코드	공제대상 금액 (㉠)	적용률 (㉡)	③ 세액공제 (㉠×㉡)	④ 사업자등록번호
배 당 세 액 공 제						
기 장 세 액 공 제						
외 국 납 부 세 액 공 제						
전자계산서 발급전송세액공제						
재 해 손 실 세 액 공 제						
근 로 소 득 세 액 공 제						
자녀 세액공제	(기본공제)자녀 1 명				150,000	
	(6세 이하)자녀 명					
	출산·입양 명					
연금계좌 세액공제	과학기술인공제			12% (15%)		
	퇴 직 연 금					
	연 금 저 축					
특별세액공제	보험료	보 장 성		1,000,000	12%	120,000	
		장애인전용보장성			15%		
	의 료 비		300,000	15%	45,000	
	교 육 비		400,000	15%	60,000	
	기 부 금	법정기부금			15% (30%)		
		지정기부금					
	표 준 세 액 공 제					
납 세 조 합 세 액 공 제						
⑤ 「조세특례제한법」상 세액공제 제목(법 조문)						
정치자금기부금	10만원 이 하					
	10만원 초 과					
⑥ 세액공제 합계 (① 「소득세법」 + ⑤ 「조세특례제한법」)					375,000	

● 준비금명세서

① 「조세특례제한법」 제목(조문)	② 코드	준비금 손금산입액		준비금 환입액		⑦ 사 업 자 등록번호
		③ 연도	④ 금액	⑤ 당 기 환입액	⑥ 환입액 누 계	

부록 207

2-9. 기납부세액 명세서 작성

제때 제대로 신고한다면 가산세는 없겠음.

기납부세액명세서 작성

사업소득과 기타소득을 받을 때 원천징수 당한 금액.

(33쪽 중 제21쪽)

● 가산세명세서

구		분	계 산 기 준	기준금액	가산세율	가산세액
① 무신고	부정무신고		무신고납부세액		40/100 (60/100)	
			수 입 금 액		14/10,000	
	일반무신고		무신고납부세액		20/100	
			수 입 금 액		7/10,000	
② 과소신고	부정과소신고		과소신고납부세액		40/100 (60/100)	
			수 입 금 액		14/10,000	
	일반과소신고		과소신고납부세액		10/100	
③ 납부(환급)불성실	미납일수		미납부(환급)세액	( )	3/10,000	
④ 보고불성실	지급명세서	미제출(불명)	지급(불명)금액		2/100	
		지연제출	지연제출금액		1/100	
	계산서	미발급(위장가공)	공 급 가 액		2/100	
		불명	불 명 금 액		1/100	
		전자계산서 외 발급	공 급 가 액		1/100	
		전자계산서 미전송	공 급 가 액		3/1,000	
		전자계산서 지연전송	지연전송금액		1/1,000	
	계산서합계표	미제출(불명)	공급(불명)가액		1/100	
		지연제출	지연제출금액		0.5/100	
	매입처별 세금계산서 합계표	미제출(불명)	공급(불명)가액		1/100	
		지연제출	지연제출금액		0.5/100	
	소		계			
⑤ 증빙불비	미 수 취		미 수 취 금 액		2/100	
	허 위 수 취		허 위 수 취 금 액		2/100	
⑥ 영수증수취명세서 미제출	미 제 출		미 제 출 금 액		1/100	
	불 명		불 명 금 액		1/100	
⑦ 사업장현황신고 불성실	무 신 고		수 입 금 액		0.5/100	
	과 소 신 고		수 입 금 액		0.5/100	
⑧ 공동사업장등록 불성실	미등록·허위등록		총 수 입 금 액		0.5/100	
	손익분배비율허위신고 등		총 수 입 금 액		0.1/100	
⑨ 무기장			산 출 세 액		20/100	
⑩ 사업용계좌 미신고등	미개설·미신고		수 입 금 액 등		0.2/100	
	미 사 용		미 사 용 금 액		0.2/100	
⑪ 신용카드거부	거 래 거 부·불성실금액				5/100	
	거 래 거 부·불성실 건 수				5,000원	
⑫ 현금영수증 미발급	미 가 맹		수 입 금 액		1/100	
	미 발 급·불 성 실 금 액				5/100	
	미 발 급·불 성 실 건 수				5,000원	
⑬ 기부금영수증불성실	영수증불성실발급		불성실기재금액		2/100	
	발급명세서 미작성·미보관		미작성등금액		0.2/100	
⑭ 동업기업 배분 가산세						
⑮ 성실신고확인서 미제출 가산세			산 출 세 액		5/100	
⑯ 유보소득계산명세서 제출 불성실 가산세			배당가능 유보소득금액		0.5/100	
⑰ 합 계						

● 기납부세액명세서

	구 분		소 득 세	농어촌특별세
	중 간 예 납 세 액	①		
	토지등매매차익예정신고납부세액	②		
	토지등매매차익예정고지세액	③		
	수 시 부 과 세 액	④		㉑
원천징수세액 및 납세조합징수세액	이 자 소 득	⑤		㉒
	배 당 소 득	⑥		㉓
	사 업 소 득	⑦	1,500,000	㉔
	근 로 소 득	⑧		㉕
	연 금 소 득	⑨		
	기 타 소 득	⑩	40,000	
	기 납 부 세 액 합 계	⑪	1,540,000	㉖

부록 209

2-10. 종합소득세 신고서 완성

- 귀속년도 기입.
  거주구분, 내/외국인 해당사항에 O표.

- 기본 인적사항 기입.

- 신고유형, 기장의무, 신고 구분 해당사항에 O표.

- 환급세액이 발생하였기에 환급계좌를 기입함.

- 마지막으로 종합소득세 신고서가 완성되었다.

- 이와 같이 서면으로 (2-3 ~ 2-10) 작성하여 관할 세무서에 직접 혹은 우편으로 신고 접수해도 되나, 인터넷 국세청 홈택스에서 온라인 신고도 가능하다.

- 국세청 홈택스에서는 원천징수의무자가 신고한 내용을 모두 불러올 수 있어 훨씬 간편하게 숫자를 확인하며 신고를 진행할 수 있고, 납부할 세액이 있다면 납부서를 출력하여 가까운 은행 창구에서 납부하거나, 인터넷 상으로 계좌이체 혹은 신용카드 등으로 바로 납부도 가능하다.

(33쪽 중 제3쪽)

(2016년 귀속) 종합소득세·농어촌특별세·지방소득세 과세표준확정신고 및 납부계산서

거주구분: 거주자1 / 비거주자2
내·외국인: 내국인1 / 외국인9
외국인단일세율적용: 여1 / 부2
거주지국 거주지국코드

관리번호 -

❶ 기본사항

① 성 명: 김태울
② 주민등록번호: 000000-1234567
③ 주 소: 서울특별시 0000
④ 주소지 전화번호:
⑤ 사업장 전화번호:
⑥ 휴대전화:
⑦ 전자우편주소:
⑧ 신고유형: ⑪자기조정 ⑫외부조정 ⑬성실신고확인 ⑳간편장부 ㉑추계-기준율 ㉒추계-단순율 ㉓비사업자
⑨ 기장의무: ①복식부기의무자 ②간편장부대상자 ③비사업자
⑩ 신고구분: ⑩정기신고 ⑳수정신고 ㉚경정청구 ㊵기한후신고 ㊿추가신고(인정상여)
⑪ 환급금 계좌신고 (2천만원 미만인 경우): ⑪ 금융기관/체신관서명 OO은행 ⑫ 계좌번호 000-00-00000
⑬ 세무대리인: ⑬성명 ⑭사업자등록번호 전화번호 ⑮대리구분 ①기장 ②조정 ③신고 ④확인 ⑯관리번호 - 조정반번호 -

❷ 세액의 계산

구 분		종합소득세	지방소득세	농어촌특별세
종 합 소 득 금 액 ⑲		15,050,000		
소 득 공 제 ⑳		4,500,000		
과 세 표 준 (⑲-⑳) ㉑		10,550,000 ㉛	10,550,000 ㉿	
세 율 ㉒		6% ㉜	0.6%	
산 출 세 액 ㉓		633,000 ㉝	63,300	
세 액 감 면 ㉔				
세 액 공 제 ㉕		375,000 ㉞	37,500	
결 정 세 액 (㉓-㉔-㉕) ㉖		258,000 ㉟	25,800	
가 산 세 ㉗				
추 가 납 부 세 액 (농어촌특별세의 경우에는 환급세액) ㉘				
합 계 (㉖+㉗+㉘)		258,000	25,800	
기 납 부 세 액		1,540,000	154,000	
납부(환급)할 총세액 (㉙-㉚)		△1,282,000	△128,200	
납부특례세액	차감			
	가산			
분납할 세액 2개월 내				
신고기한 이내 납부할 세액 (⑪-⑬+⑭)				

신고인은 「소득세법」 제70조, 「농어촌특별세법」 제7조, 「지방세법」 제95조 및 「국세기본법」 제45조의3에 따라 위의 내용을 신고하며, 위 내용을 충분히 검토하였고 신고인이 알고 있는 사실 그대로를 정확하게 적었음을 확인합니다. 위 내용 중 과세표준 또는 납부세액을 신고하여야 할 금액보다 적게 신고하거나 환급세액을 신고하여야 할 금액보다 많이 신고한 경우에는 「국세기본법」 제47조의3에 따른 가산세 부과 등의 대상이 됨을 알고 있습니다.

2017년 5월 31일   신고인 김태울 (서명 또는 인)

세무대리인은 조세전문자격자로서 위 신고서를 성실하고 공정하게 작성하였음을 확인합니다. 무기장·부실기장 및 소득세법에 따른 성실신고에 관하여 불성실하거나 허위로 확인된 경우에는 「세무사법」 제17조에 따른 징계처분 등의 대상이 됨을 알고 있습니다.

세무대리인   (서명 또는 인)

세무서장 귀하

접수(영수)일

첨부서류 (각 1부)   전산입력필   (인)